2010
中国法治建设
年度报告
（中英文）

中 国 法 学 会

新 华 出 版 社

图书在版编目（CIP）数据

中国法治建设年度报告．2010：汉英对照／中国法学会编著．—北京：新华出版社，2011.6

ISBN 978－7－5011－9662－3

Ⅰ.①中…　Ⅱ.①中…　Ⅲ.①社会主义制度—建设—研究报告—中国—2010—汉、英　Ⅳ.①D920.0

中国版本图书馆 CIP 数据核字（2011）第 119778 号

中国法治建设年度报告（2010）

作　　者：中国法学会
责任编辑：董朝合
特邀编辑：杨　逸
封面设计：肖　东
出版发行：新华出版社
地　　址：北京石景山区京原路 8 号
网　　址：http：//www.xinhuapub.com　http：//press.xinhuanet.com
邮　　编：100040
经　　销：新华书店
印　　刷：北京新魏印刷厂
开　　本：185mm×260mm　1/16
印　　张：14.5
字　　数：136 千字
版　　次：2011 年 6 月第一版
印　　次：2011 年 6 月第一次印刷
书　　号：ISBN 978－7－5011－9662－3
定　　价：30.00 元

本社购书热线：（010）63077122　　中国新闻书店电话：（010）63072012

图书如有印装问题，请与出版社联系调换。电话：（010）63073969

目　录

Table of Contents

前　言

2010年是中国发展进程中极不平凡的一年。面对复杂多变的国内外环境，中国共产党团结带领全国各族人民共同奋斗，取得了中国特色社会主义伟大事业新的重大的胜利。2010年也是中国法治建设具有标志意义的一年：经过中华人民共和国成立以来特别是改革开放以来30多年的不懈努力，中国特色社会主义法律体系已经形成，国家经济建设、政治建设、文化建设、社会建设和生态文明建设的各个方面实现了有法可依。同时，这一年，化解社会矛盾、创新社会管理、公正廉洁执法深入展开、成效显著；依法行政、建设法治政府和推进司法体制和工作机制改革，建设公正、高效、权威的社会主义司法制度的工作取得新的进展；法制宣传、法学教育和法学研究又有了新的成果。2010年中国法治建设取得的成绩和积累的经验，必将进一步推进全面落实依法治国基本方略，加快建设社会主义法治国家的历史进程。

一、关于立法工作

2010年，全国人大及其常委会共审议16件法律和有关法律问题的决定草案，通过14件法律案，依法对香港特别行政区基本法附件一、附件二有关修正案分别予以批准和备案。国务院制定了17件行政法规，通过2件行政法规修改草案。有立法权的地方人大及其常委会制定并向全国人大常委会及国务院备案的地方性法规737件。同时完成了对现行法规的集中清理工作。

（一）制定和修改了一批重要法律

——修改选举法。选举权和被选举权是公民最重要的政治权利，选举制度是人民代表大会制度的基础。2010年3月，十一届全国人大三次会议通过了《关于修改<中华人民共和国全国人民代表大会和地方各级人民代表大会选举法>的决定》。这是1979年中国修订选举法以后由全国人民代表大会及其常委会对选举法所作的第5次修改。这次选举法修改的核心内容，是将1995年修改选举法时确定的全国和省、自治区农村每一代表所代表人口数四倍于城市每一代表所代表的人口数的规定，修改为：全国人大代表和地方各级人大代表名额，“按照每一代表所代表的城乡人口数相同的原则，以及保证各地区、各民族、各方面都有适当数量代表的要求进行分配。”作这样的修改，一是因为改革开放以来，中国工业化、城镇化的进程快速发展，农村的经济文化水平大幅提高，社会结构发生了深刻变化；二是因为中国城镇人口比重，已由1995年的20.04%，上升为2009年的46.6%；三是因为中国经过多次换届选举，已经积累了较为丰富的民主政治建设和法制建设的经验，具备了实行城乡按相同比例选举人大代表的客观条件。选举法的这一修改，以及关于人大代表应当具有广泛的代表性，要有适当数量的基层代表，特别是工人、农民和知识分子代表的规定，关于选举委员会应当根据选民的要求，组织代表候选人与选民见面，回答选民问题的规定，关于任何组织或者个人都不得以任何方式干预选民或者代表自由行使选举权的规定，等等，进一步完善了中国特色选举制度，进一步保障了城乡居民享有平等的选举权，对推进中国人权事业的不断进步，统筹城乡协调发展和社会和谐，具有重大意义。

——修改国家赔偿法。国家赔偿法律制度直接涉及公权力的行使和公民合法权益的维护。这次修改国家赔偿法是1994年八届全国人大常委会通过该法以后的第一次修改。在广泛征求各方面意见的基础上，全国人大常委会经过4次审议，于2010年4月通过了关于修改国家赔偿法的决定。修改的主要内容，一是畅通了赔偿请求的渠道，即把原来关于请求刑事赔偿，应当先向赔偿义务机关提出并由其确认的规定，修改为赔偿义务机关不予赔偿的，可以向其上一级机关申请复议，直至有权向人民法院赔偿委员会申请赔偿。二是增加了关于精神损害赔偿的规定，即有法律规定的情形致人精神损害的，应当在侵权行为影响的范围内，为受害人消除影响，恢复名誉，赔礼道歉；造成严重后果的，应当支付相应的精神损害抚慰金。三是完善办理程序、细化赔偿范围、明确举证责任、保障费用支付等。

——制定社会保险法。社会保险制度是完善社会主义市场经济体制、构建社会主义和谐社会和全面建设小康社会的重要支柱性制度，社会保险法是中国特色社会主义法律体系中起支架作用的重要法律。全国人大常委会先后对草案进行了4次审议，于2010年10月通过了社会保险法。这部法律明确了“国家建立基本养老保险、基本医疗保险、工伤保险、失业保险、生育保险等社会保险制度，保障公民在年老、疾病、工伤、失业、生育等情况下依法从国家和社会获得物质帮助的权利”。明确了“个人跨统筹地区就业的，其基本养老保险关系随本人转移，缴费年限累计计算”的基本养老保险关系转移接续制度。明确了“国家建立和完善新型农村社会养老保险制度”和“国家建立和完善新型农村合作医疗制度”。此外，这部法律还就提高基本养老保险基金统筹层次，强化各级人大常委会对社会保险基金收支、管理和投资运营情况的监督职权等作出了规定。

——制定人民调解法。人民调解在中国具有历史传统。目前，中国有人民调解组织80多万个，人民调解员490多万人，在解决民间纠纷、化解社会矛盾、促进和谐稳定等方面，人民调解发挥着重要作用。2010年8月，全国人大常委会审议通过了人民调解法。这部法律规定的调解原则，一是自愿、平等。当事人在调解活动中可以选择或者接受人民调解员，可以接受、拒绝或者终止调解，可以要求调解公开或者不公开进行，可以自主表达意愿，自愿达成调解协议。二是合法。调解不得违背法律、法规和国家政策。三是尊重当事人权利。不得因调解而阻止当事人依法通过仲裁、行政、司法等途径维护自己的权利。

——修改著作权法。这次修改是1990年9月七届全国人大常委会制定该法以后的第二次修改。修改的主要内容，一是对著作权法第四条关于“依法禁止出版、传播的作品，不受本法保护”的规定，修改为“著作权人行使著作权，不得违反宪法和法律，不得损害公共利益。国家对作品的出版、传播依法进行监督管理”。二是把著作权质押作为运用著作权的重要方式，在法律上规定下来，明确“以著作权出质的，由出质人和质权人向国务院著作权行政管理部门办理出质登记。”

——制定涉外民事关系法律适用法。作为民法的重要组成部分，涉外民事关系法律适用法的制定，对于解决涉外民事争议，维护当事人合法权益，具有重要意义。这部法律规定，婚姻家庭、继承、物权、债权、知识产权等方面，当事人可以选择适用的法律，但“中华人民共和国法律对涉外民事关系有强制性规定的，应当直接适用。”规定不动产物权适用不动产所在地法律；动产物权允许当事人协议选择适用法律，没有协议选择的，适用动产买卖交付时等动产所在地法律。此外，这部法律还对涉外合同案、知识产权纠纷等的法律适用问题作了明确规定。

2010 年，全国人大常委会为更好地发挥人大代表的作用，修改了全国人民代表大会和地方各级人民代表大会代表法；为完善基层群众自治制度，修改了村民委员会组织法；为加强国防动员建设，增强国防潜力，制定了国防动员法；为完善国家武装力量动员体制，加强国防后备力量建设，修改了预备役军官法；为保守国家秘密，维护国家安全和利益，修改了保守国家秘密法；为加强监察工作，促进廉政建设，修改了行政监察法；为保护石油、天然气管道安全，维护国家能源安全和公共安全，制定了石油天然气管道保护法。为进一步贯彻落实“一国两制”、“港人治港”、高度自治的方针，依法批准了香港特别行政区基本法附件一香港特别行政区行政长官的产生办法修正案，依法对香港特别行政区基本法附件二香港特别行政区立法会的产生办法和表决程序修正案予以备案。

（二）制定和修改了一批行政法规、地方性法规

2010年，国务院依据宪法和法律规定的职权，制定和修改了一批行政法规。在加快转变经济发展方式、加强宏观调控和市场监管、促进经济长期平稳较快发展等方面，修订了价格违法行为行政处罚规定、发票管理办法、专利法实施细则和知识产权海关保护条例，制定了海关事务担保条例和外国企业常驻代表机构登记管理条例。在保障和改善民生、创新社会管理机制、加强社会建设方面，制定了自然灾害救助条例和国家赔偿费用管理条例，修订了工伤保险条例。在提高生态文明水平，加强节约能源资源、保护生态环境方面，制定了消耗臭氧层物质管理条例、气象灾害防御条例、城镇燃气管理条例和古生物化石保护条例。在规范行政行为、促进国防和军队现代化建设方面，制定了全国人口普查条例、无线电管制规定和武器装备质量管理条例，修订了审计法实施条例和现役士兵服役条例。

2010年，各省、自治区、直辖市和较大市的人大及其常委会在继续推进经济立法的同时，加强以关注民生为重点的社会领域和环境资源领域立法，注重增强立法的地方特色。如北京市人大常委会为推动首都实现创新驱动发展，制定了中关村国家自主创新示范区条例；围绕节约资源、保护环境，制定了水污染防治条例，修订了实施节能

法办法。陕西省人大常委会为规范司法鉴定的受理与实施，制定了司法鉴定管理条例，妥善处理统一管理与专业管理的关系，进一步理顺了本地区司法鉴定管理体制。山西省人大常委会围绕建设“法治山西”，制定了一批经济社会事务管理方面的地方性法规，作出了关于加强人民检察院对诉讼活动法律监督的决定，修改了山西省信访条例。浙江省人大常委会着力推进维护社会和谐稳定的法制建设，制定和修订企业民主管理条例、集体合同条例，颁布实施未成年人保护条例、预防和制止家庭暴力条例等地方性法规。

（三）完成对法规的集中清理

为了维护国家法制的统一，保证中国特色社会主义法律体系内部的科学、和谐、一致，2010 年在全国人大常委会的督促和指导下，完成了对现行法规的集中清理。国务院清理了现行的 691 件行政法规，共废止 7 件行政法规，修改 107 件行政法规中的 172 个条款。国务院办公厅还发布了《关于做好规章清理工作有关问题的通知》，要求对各省、自治区、直辖市和较大市人民政府、国务院各部门制定的现行有效的全部规章进行集中清理，对已经明显不适应经济社会发展要求的、与上位法的规定不一致的以及与其他规章之间明显不协调的规章，分别作出废止、宣布失效或者修改等处理。截至 2010 年底，地方人大修改和废止的地方性法规1417件、自治条例和单行条例455件。行政法规和地方性法规、自治条例和单行条例的集中清理，对于保证中国特色社会主义法律体系如期形成，发挥了重要作用。

（四）推进科学立法、民主立法

科学立法、民主立法，是发扬社会主义民主，扩大公民有序政治参与，提高立法质量的必然要求和重要途径。2010年，全国人大常委会继续坚持和完善法律草案公布机制，所有提请审议的法律草案都在网上予以公布，广泛征求人民群众的意见。在村民委员会组织法修改过程中，针对各方面意见比较集中的问题，还邀请来自基层的村民代表进行座谈，直接听取他们的意见和建议。车船税法草案公布后，收到近10万条意见，全国人大常委会及时向公众作出反馈，并根据人民群众的意见，对法律草案进行了修改。为了听取人大代表对代表法修改的意见，全国人大常委会专门将修正案草案分送每位全国人大代表书面征求意见。

开展立法后评估试点工作是2010年全国人大常委会推进科学立法、民主立法采取的一项新举措。常委会选择科学技术进步法、农业技术推广法、农业机械化促进法、环境保护法等法律，通过问卷调查、实地调研、案例分析等方式，重点对法律制度、法律规定、法律执行以及社会对法律的满意度等，进行分析、论证和评价，为开展立法后评估工作积累了经验。国务院相关部门组织对反兴奋剂条例等4件行政法规进行了立法后评估，对进一步完善相关法律制度，提高立法质量发挥了重要作用。

2010年，国务院继续推进行政法规草案公开征求意见工作，先后有16件法律草案、行政法规草案在中国政府法制信息网上公布，并委托地方政府、基层群众自治组织、人民团体等征求人民群众对法律草案、行政法规草案的意见和建议。为制定《国有土地上房屋征收与补偿条例》，国务院有关部门共同成立工作组，多次进行实地调研，选取40多个典型城市进行专项调查统计，专门听取被拆迁人和相关专家的意见，共召开各类座谈会、论证会43次，1070多人次参加讨论，还先后两次向社会公开征求意见，共收到意见和建议103499条。

2010年，有立法权的地方人大及其常委会，继续公布地方性法规草案，举办座谈会、论证会、听证会，加强立法工作的协调指导和立法过程的调研论证，积极开展立法后评估，充分发挥人大代表、常委会组成人员的作用，促进了立法质量的提高。

二、关于中国特色社会主义法律体系

中华人民共和国成立以来特别是改革开放以来，中国的立法工作取得了举世瞩目的巨大成就。截至2010年底，通过了现行宪法，制定了现行有效法律236件，行政法规690多件，地方性法规、自治条例和单行条例8600多件，一个以宪法为核心和统帅，以法律为主干，涵盖宪法及宪法相关法、民法商法、行政法、经济法、社会法、刑法、诉讼和非诉讼程序法等多个法律部门，包括法律、行政法规、地方性法规等多个层次的法律规范，内部科学、和谐、统一的中国特色社会主义法律体系已经形成。这是中国社会主义民主法制建设史上的重要里程碑。

中国特色社会主义法律体系之所以由多个层次的法律规范所组成，是因为中国虽然是一个单一制国家，但幅员辽阔，情况复杂，各地经济、文化的发展不平衡，必须在维护国家法制统一和主要依靠法律来调整各种社会关系的前提下，根据宪法关于发挥中央和地方两个积极性的规定，允许由国务院制定的行政法规和有立法权的地方人大及其常委会制定的地方性法规等其他规范性文件，来辅助调整各种社会关系。

宪法在中国特色社会主义法律体系中居于核心和统帅

的地位。中国现行宪法是在1954年宪法的基础上，经过全面修改，于1982年由第五届全国人民代表大会第五次会议通过的。现行宪法规定了中国的根本制度和根本任务，是国家的根本法，具有最高的法律效力。1982年以后，随着中国改革开放的不断深入和中国社会的深刻变革，全国人大又先后4次对现行宪法的部分内容和条款作了修改和补充，规定国家允许私营经济在法律规定的范围内存在和发展；国家实行社会主义市场经济；国家实行依法治国，建设社会主义法治国家；国家在社会主义初级阶段，坚持公有制为主体、多种所有制经济共同发展的基本经济制度，坚持按劳分配为主体、多种分配方式并存的分配制度；国家尊重和保障人权等，从而实现了宪法的与时俱进。

宪法相关法是中国特色社会主义法律体系的主导法律部门。到2010年，中国已经制定的宪法相关法共38件。其中，有关国家机构的法律包括了全国人民代表大会组织法、国务院组织法、人民法院组织法、人民检察院组织法、地方各级人民代表大会和地方各级人民政府组织法、全国人大议事规则、全国人大常委会议事规则、立法法、全国人大常委会和地方各级人大常委会监督法等，这些法律确立了国家权力机关、行政机关、审判机关、检察机关的基本体制、职责权限、运作方式、工作原则、议事程序等。为了坚持和完善民族区域自治制度，制定了民族区域自治法。根据“一国两制”方针，制定了香港特别行政区基本法、澳门特别行政区基本法，以及香港特别行政区驻军法、澳门特别行政区驻军法等，为香港、澳门的顺利回归和保持长期繁荣稳定，提供了法律保障。为保障公民的民主权利，扩大基层民主，制定了全国人民代表大会和地方各级人民代表大会选举法、全国人民代表大会和地方各级人民代表大会代表法、村民委员会组织法、居民委员会组织法等。在涉及国家主权、国家领域、国家象征、国籍及公民的政治权利方面，制定了反分裂国家法、国防法、领海和毗连区法、专属经济区和大陆架法、国旗法、国徽法、国籍法，以及集会游行示威法、戒严法、国家赔偿法等。

民法商法是规范社会民事和商事活动的基础性法律，截至2010年底，中国已制定这方面的法律33件。其中，民法调整平等主体的公民之间、法人之间、公民和法人之间的财产关系和人身关系。中国为保障公民、法人的合法的民事权益，正确调整民事关系，于1986年制定了民法通则，确立了民事活动的基本制度，包括自然人制度、法人制度等。在物权制度方面，为了明确物的归属，发挥物的效用，保护权利人的物权，于2007年制定了物权法。在债权制度方面，在原来经济合同法、涉外经济合同法和技术合同法的基础上，为更好地保护合同当事人的合法权益，于1999年制定了统一的合同法。同时，为了明确侵权责任，预防并制裁侵权行为，于2009年制定了侵权责任法。

在亲属和继承制度等方面，先后制定了婚姻法、继承法、收养法。在保护知识产权方面，早在上个世纪80年代、90年代，中国就制定了商标法、专利法、著作权法，以后又经过多次修改，形成了比较完备的保护知识产权的法律制度。商法作为民法中的一个特殊部分，主要调整自然人、法人之间的商事关系。中国已先后制定了公司法、中外合资经营企业法、外资企业法、中外合作经营企业法、合伙企业法、个人独资企业法、破产法等规范市场主体的法律。还制定了商业银行法、证券法、票据法、担保法、保险法、信托法等一批金融领域的法律。此外，在民事、商事领域，还制定了一批涉及保护消费者权益、招标投标、拍卖、农村土地承包、海商和涉外民事关系法律适用方面的法律。

行政法是调整国家行政管理活动的法律。截至2010年底，中国已制定这方面的法律77件。为规范行政许可的设定和实施，保护公民、法人和其他组织的合法权益，制定了行政许可法。为规范行政处罚的设定和实施，保障和监督行政机关有效实施行政管理，制定了行政处罚法。为防止和纠正违法的或者不当的具体行政行为，制定了行政复议法。为规范公务员的管理，保障公务员的合法权益，加强对公务员的监督，制定了公务员法。在文化、教育、科技领域，制定了学位条例、教育法、教师法、义务教育法、高等教育法、职业教育法、民办教育促进法、文物保护法、科学技术进步法、促进科技成果转化法等。在医药、卫生、人口领域，制定了食品安全法、药品管理法、传染病防治法、国境卫生检疫法、母婴保健法、献血法、执业医师法、人口与计划生育法等。在环境保护领域，制定了环境保护法、海洋环境保护法、水污染防治法、大气污染防治法、固体废物污染环境防治法、环境噪声污染防治法、放射性污染防治法、环境影响评价法、野生动物保护法、防沙治沙法等。在司法、国防、国家安全、外交等领域，制定了监狱法、律师法、兵役法、军官军衔条例、预备役军官法、国家安全法、公民出境入境管理法、外国人入境处境管理法、治安管理处罚法等。中国在行政法领域内的立法，涉及行政管理活动的各个方面。

经济法是调整因国家对经济活动的管理所产生的社会经济关系的法律。截至2010年底，中国已制定这方面的法律59件。为预防和制止垄断行为，保护市场公平竞争，提高经济运行效率，维护消费者利益和社会公共利益，制定了反垄断法。为鼓励和保护公平竞争，制止不正当竞争行为，制定了反不正当竞争法。为加强国家对经济的宏观调控，促进经济的健康、持续发展，制定了预算法、统计法、个人所得税法、审计法、中国人民银行法、价格法等。为加强对经济的行业管理，促进对外开放，合理利用和保护自然资源，制定了铁路法、民用航空法、银行业监督管理法、对外贸易法、台湾同胞投资保护法、进出口商品检验法、进出境动植物检疫法，以及森林法、草原法、渔业法、矿产资源法、土地管理法等一大批法律。

社会法是调整劳动关系、社会保障和特殊群体权益保护方面的法律。截至2010年底，中国已制定这方面的法律18件。其中，调整劳动关系的法律包括劳动法、劳动合同法等。还制定了矿山安全法、安全生产法、职业病防治法等，从法律制度上保障劳动者的健康和人身安全。调整社会保障关系的法律包括社会保险法、就业促进法、公益事业捐赠法等。中国为保障职工和各类特殊群体的合法权益，还先后制定了工会法、妇女权益保障法、未成年人保护法、老年人权益保护法、残疾人保障法、归侨侨眷权益保护法等法律。

刑法是规定犯罪和刑罚的法律规范。中国于1979年制定了刑法，以后经1997年的修订，形成了比较完备的刑法典。1998年，全国人大常委会又通过了关于惩治骗购外汇、逃汇和非法买卖外汇犯罪的决定，并在1999年至2010年的12年中，先后通过了7个刑法修正案，使中国的刑法更趋完备。

诉讼与非诉讼程序法是规范因诉讼活动和非诉讼活动而产生的社会关系的法律。截至2010年底，中国已制定这方面的法律10件，包括：民事诉讼法、刑事诉讼法、行政诉讼法等三大诉讼法律，以及仲裁法、劳动争议调解仲裁法、农村土地承包经营纠纷调解仲裁法、人民调解法等非诉讼程序法。此外，中国还制定了引渡法、海事诉讼特别程序法，通过了关于对中华人民共和国缔结或者参加的国际条约所规定的罪行行使刑事管辖权的决定等。

中国特色社会主义法律体系的形成，是中国特色社会主义制度逐步走向成熟的重要标志，具有重要的现实意义和深远的历史意义。这一体系的形成，极大地增强了全体中国人民全面落实依法治国基本方略，加快建设社会主义法治国家的信心。同时它也向各级国家机关及其工作人员和广大人民群众提出了新的、更高的要求：必须在继续加强立法工作，完善中国特色社会主义法律体系的同时，采取积极有效措施，切实保障宪法和法律的有效实施。要下更大的决心、花更多的精力，进一步实现有法必依、执法必严、违法必究，把中国真正建设成为社会主义法治国家。

三、关于依法行政

2010年，以建设法治政府为目标，以实施《全面推进依法行政实施纲要》为主线，中国的依法行政工作取得新的成效。

（一）召开全国依法行政工作会议

自2004年3月《全面推进依法行政实施纲要》发布实施以来，国务院每年都对事关依法行政全局的重点工作作出安排。2010年8月，国务院召开全国依法行政工作会议，总结《全面推进依法行政实施纲要》发布以来取得的成绩和经验，分析依法行政工作面临的新情况新问题，对进一步推进依法行政、加强法治政府建设作出了全面部署。这次会议对在新的历史条件下深入贯彻依法治国基本方略，加快建设法治政府，具有重要意义。

（二）发布实施《国务院关于加强法治政府建设的意见》

2010年10月，国务院发布《关于加强法治政府建设的意见》，就提高行政机关工作人员特别是领导干部依法行政的意识和能力、加强和改进制度建设、坚持依法科学民主决策、严格规范公正文明执法、全面推进政务公开、强化行政监督和问责、依法化解社会矛盾纠纷、加强组织领导和督促检查等8个方面的工作，提出了明确要求。

（三）履行行政复议职责

行政复议是化解社会矛盾纠纷的重要渠道和手段，对保障人民群众合法权益、维护社会和谐稳定具有重要作用。2010年国务院法制办深入开展全国行政复议委员会试点工作，加强国务院部门行政复议协作，加大分管行政复议工作的领导骨干的业务培训力度，推动全国行政复议工作向纵深发展。2010年，国务院共收到行政复议申请814件，办结695件。其中，立案受理164件，已裁决108件。裁决撤销、变更、确认违法和以其他方式纠正违法或者不当行政行为的25件，占已决案件的23%，较好地发挥了行政复议“渠道畅通、案结事了”的功能。2010年，县级以上各级政府不断完善行政复议工作机制，提升行政复议能力，提高行政复议案件办理的质量和效率，依法妥善处理行政复议案件，及时纠正了大量违法或者不当的行政行为。

（四）进一步规范行政执法行为

规范行政执法行为是确保行政机关依法履行职能，维护人民群众切身利益的要求。2010年，各地方、各部门继续推进行政处罚权的相对集中，深入推行行政执法责任制，根据法律法规规章的制定、修改、废止情况，及时调整执法依据，依法界定执法职权，建立了行政执法投诉、行政执法主办人、重大行政处罚备案、行政处罚事前法律审核、行政处罚告知、行政处罚案例指导、行政处罚案卷评查、行政处罚检查、行政执法绩效评估、行政执法评议考核和行政执法责任追究等制度。

（五）推进政务公开，提高政府透明度

2010 年召开的全国依法行政工作会议提出，要加大政府信息公开力度，坚持以公开为原则、不公开为例外，重点推进财政预算、公共资源配置、重大建设项目批准和实施、社会公益事业建设等领域的信息公开。2010 年国务院各部门和地方政府继续贯彻实施《政府信息公开条例》，大力推进政务公开，健全政府信息主动公开工作机制、政府信息公开申请受理机制，完善政府信息公开目录和指南的编制、更新、补充工作，加强政府网站建设，完善政府公告形式，拓宽信息公开渠道，并完善新闻发布制度。政府网站已成为公开政府信息的重要渠道。广电总局制定《关于加强法治政府建设的工作规划》，推进电子政务信息系统建设，建设网络信息和便民服务平台，逐步推行网上电子审批、“一个窗口对外”和“一站式”服务，提高服务效率，降低行政成本。全国气象依法行政工作会议提出

推进气象部门政务公开，让各级气象部门的权力运行和行政行为直接接受社会公众的监督。

（六）健全行政监察和行政监督机制

2010年6月经全国人大常委会修改的行政监察法，对派出机构体制作出重大改革，扩大了行政监察对象的范围，将人民政府及人民政府各部门任命的其他人员纳入监察范围。为加强对财政收支的监督管理，国务院修订了《审计法实施条例》，增加了财政资金运用跟踪审计范围和专项审计调查范围，并且加强了对审计机关自身的监督。国土资源部办公厅印发《关于进一步加强和规范对违反国土资源管理法律法规行为报告工作的意见》，要求各地进一步完善零报告制度和定期报告制度，切实改进专项报告制度，明确和落实责任，及时制止和查处违法行为，提高执法监察效能，严格落实责任追究。

（七）推动公民参与和行政决策民主化

推动公民参与和行政决策民主化是依法行政的重要内容。2010年广州市通过了《重大行政决策程序规定》，以政府规章形式明确行政决策必须经过决策启动、公众参与、专家咨询、风险评估、合法性审查、集体讨论决定等环节。为保证公众参与的有效性，这个《规定》还明确“现职公务员不得被选为听证代表”。

（八）对规章进行备案审查

2010年，国务院共收到报送备案的国务院部门规章161件、地方政府规章570件。收到国家机关、社会团体、企业事业组织和公民向国务院提出的合法性审查的书面审查建议59件。国务院法制办严格执行立法法和法规规章备案条例，对31件存在与上位法相抵触等问题的规范性文件进行了处理。

四、关于审判、检察、公安和司法行政工作

2010年，审判、检察、公安、司法行政工作坚持围绕中心、服务大局，深入推进社会矛盾化解、社会管理创新、公正廉洁执法，各项工作取得全面进步。

（一）审判工作

2010年，全国法院共受理各类案件11712349件，审结、执结11010046件，标的额15000多亿元。

——依法审理民事案件。2010年，各级人民法院审结各类一审民事案件6112695件，标的额9137.25亿元。其中，合同纠纷案件占52.91%，婚姻家庭、继承纠纷案件占23.37%，侵权、权属等方面的纠纷案件占23.72%。强化能动司法理念，关注经济社会发展的司法需求，加强对经济社会发展新情况新问题的司法应对，为加快转变经济发展方式提供司法保障。坚持合法自愿原则，对依照法律可以调解、根据案情能够调解、调解处理效果更好的案件，首先选择调解方式解决纠纷，各级法院一审民商事案件调解撤诉率为65.29%。正确处理调判关系，对不宜调解以及调解不成的，及时依法作出裁判。

——依法审理刑事案件。2010年，各级人民法院共审

结一审刑事案件779641件，判处罪犯1006420人，其中判处五年以上有期徒刑至死刑的罪犯占15.81%。依法严惩境内外敌对势力的分裂、渗透、颠覆等危害国家安全犯罪，继续深入开展打黑除恶专项活动，依法严惩杀人、绑架、抢劫等严重影响群众安全感的暴力犯罪以及盗窃、抢夺、诈骗等多发性侵财犯罪，依法严惩伤害幼儿园儿童、中小学生和拐卖妇女儿童犯罪，审结上述案件265397件。严惩贪污、贿赂、渎职犯罪，审结此类案件27751件。依法打击利用互联网或手机制作、复制、传播淫秽信息犯罪，依法打击假发票、假币、商业贿赂、证券期货犯罪。

——依法审理行政案件。2010年，各级人民法院共审结一审行政诉讼案件129806件，其中涉及房屋拆迁、房屋登记、规划等城建方面的案件25016件，资源类案件23372件，环境保护案件1894件，涉及公安的案件10732件，涉及劳动和社会保障的案件9387件；审结国家赔偿案件1419件。集中开展行政申诉案件专项复查，通过案件评查、再审纠错等工作，妥善处理了一批行政申诉案件。认真贯彻实施国家赔偿法，推进国家赔偿工作健康有序开展。

——加强执行工作。2010年，各级人民法院共执结新收执行案件2508242件，已执行结案的标的金额4781.93亿元。为巩固集中清理执行积案的成果，推动建立化解执行难问题长效机制，最高人民法院制定了《关于限制被执行人高消费的若干规定》，会同19个中央和国家机关联合发布《关于建立和完善执行联动机制若干问题的意见》，推进社会诚信体系建设，初步构建了综合治理执行难问题的工作格局。进一步加强执行工作规范化建设，完善执行信息查询制度，强化对执行权的内部监督制约，重点解决消极执行等问题。充分利用督促执行、提级执行、指定执行等方式，提高执行质量和效率。开展创建“无执行积案先进法院”活动和委托执行案件集中清理活动。

——加强立案信访和审判监督工作。2010年，各级人民法院共审结申诉和申请再审案件130742件，依法提起再审26800件。加强“立案信访窗口”建设，进一步完善“立案信访窗口”的基本功能和基础设施，建立健全首问负责、服务承诺、办事公开、文明接待、岗位责任等制度，改进诉讼引导、查询咨询服务，改善信访接待设施，为群众提供良好的诉讼环境。认真做好集中清理涉诉信访积案工作，努力解决信访当事人的合法合理诉求，2010年共接待来访821516人次，同比下降22.12%。加强审判监督工作，2010年审结的再审案件中，因原判确有错误或其他法定事由改判的11729件，占生效裁判的0.17%。

（二）检察工作

——依法维护市场经济秩序。全年共批准逮捕破坏社会主义市场经济秩序犯罪嫌疑人37532人，提起公诉50775人。加大打击非法集资、金融诈骗、传销等严重经济犯罪力度，参与打击侵犯知识产权和制售假冒伪劣商品专项行动。治理商业贿赂工作，立案侦查涉及国家工作人员的商业贿赂犯罪案件10533件。深化工程建设领域突出问题专项治理，立案侦查项目审批、招标投标、物资采购等环节的职务犯罪案件8584件。会同有关部门开展国土资源领域腐败问题治理工作，立案侦查土地和矿产资源审批出让、开发利用、征地补偿等环节的职务犯罪案件1248件。

——依法打击各类刑事犯罪。全年共批准逮捕各类刑事犯罪嫌疑人916209人，提起公诉1148409人。开展反渗透、反颠覆、反分裂斗争，打击危害国家安全犯罪。参与对学校、幼儿园及周边治安秩序的专项整治，严厉打击侵害幼儿园儿童和学校师生生命安全的犯罪。开展打黑除恶专项斗争和打击涉枪涉爆犯罪、扫黄打非等专项行动，努力遏制严重刑事犯罪。认真落实宽严相济刑事政策，对涉嫌犯罪但无逮捕必要的，依法决定不批捕64195人；对犯罪情节轻微、依照刑法规定不需要判处刑罚或者免除刑罚的，决定不起诉29898人。推进刑事和解、检调对接机制建设，对民事申诉案件和轻微刑事案件，积极促成当事人达成和解。

——查办和预防职务犯罪。全年共立案侦查各类职务犯罪案件32909件44085人。其中，立案侦查贪污贿赂大案18224件，查办涉嫌犯罪的县处级以上国家工作人员2723人（其中厅局级188人、省部级6人）。完善行贿犯罪档案查询系统，加大查办行贿犯罪力度，立案侦查行贿犯罪嫌疑人3969人。健全境内外追逃追赃机制，抓获在逃职务犯罪嫌疑人1282人，追缴赃款赃物74亿元。加强渎职侵权检察工作，立案侦查渎职侵权犯罪案件7349件10227人。会同有关部门建立健全行政执法与刑事司法衔接等工作机制，着力解决渎职侵权犯罪发现难、立案难、查证难、处理难等问题。更加重视职务犯罪预防，结合办案加强犯罪分析和对策研究，向有关单位和部门提出预防建议55628件，对国家工作人员进行警示教育964万人次。建立职务犯罪预防年度报告制度，及时研究职务犯罪发案态势和预防对策。

——强化对诉讼活动的法律监督。加强立案监督，对应当立案而不立案的，督促公安机关立案31203件；对不应当立案而立案的，督促撤案10702件。加强侦查监督，对侦查活动中的违法情况提出纠正意见33836件次。加强刑事审判监督，支持人民法院量刑规范化改革，促进量刑公开公正。加强对职务犯罪案件裁判的监督，建立一审判决两级检察院同步审查机制。对认为确有错误的刑事裁判提出抗诉5425件。开展全国监狱清查事故隐患、促进安全监管专项活动，对87名严重破坏监管秩序的在押罪犯依法追究刑事责任。加强对刑罚变更执行的监督，纠正减刑、假释、暂予监外执行不当10813人。开展保外就医专项检察活动，纠正不符合保外就医条件、程序或脱管漏管

555人。深化民事审判和行政诉讼监督，对认为确有错误的民事行政裁判提出抗诉12139件。强化对司法工作人员渎职行为的监督，查办涉嫌犯罪的司法工作人员2721人。

——加强检察队伍建设和内部监督制约。深入开展"恪守检察职业道德、促进公正廉洁执法"主题实践活动，制定实施检察官职业行为基本规范和检察机关文明用语规则，大力弘扬忠诚、公正、清廉、文明的检察职业道德。以领导干部和执法办案一线检察官为重点推进全员培训，共培训检察人员11.9万人次。首次颁布检察机关执法工作基本规范，建立案例指导制度和案件评查机制，完善检务督察制度。开展"反特权思想、反霸道作风"专项教育活动，严肃查处违法违纪人员267人。

（三）加强司法解释工作

2010年，最高人民法院和最高人民检察院联合出台司法解释4件，最高人民法院出台司法解释16件，其中刑事司法解释5件，民事司法解释6件，行政司法解释1件，其他司法解释4件，最高人民检察院出台司法解释1件，对正确实施法律发挥了积极作用。

（四）公安工作

——依法严厉打击各类违法犯罪活动。组织开展打黑除恶、侦办命案、治爆缉枪，以及打击拐卖儿童妇女、电信诈骗、网络赌博、网络淫秽色情、制贩假币假发票、银行卡犯罪、贿赂操纵足球比赛、侵犯知识产权和制售伪劣商品等一系列专项行动，侦破了一大批重大恶性案件。对城乡结合部、“城中村”、中小旅馆、出租房屋等重点地区和重点部位，以及容易滋生“黄赌毒”丑恶现象的重点场所，重点治乱，整治了一大批突出的治安问题和治安乱点。整治校园周边治安秩序，遏制暴力伤害幼儿园儿童和中小学生案件。推进社会治安防控体系建设，提高动态社会环境下的治安管理能力。

——圆满完成上海世博会、广州亚运会等重大安保任务。实施“环沪护城河工程”、“环粤安保圈工程”，突出重点、专群结合、群防群治、整体防控，确保上海世博会、广州亚运会取得圆满成功。

——全力投入抗震救灾等应急救援工作。青海玉树强烈地震、甘肃舟曲特大山洪泥石流和一些地方严重洪涝灾害发生后，公安机关迅速启动应急救援机制，紧急调动公安特警、消防特勤、边防医疗救援队火速驰援灾区，全力投入抢险救援和维稳工作，保障了受灾群众生命财产安全、维护了灾区社会稳定。特别是公安消防部队充分发挥应急救援骨干作用，截至2010年11月底，共出动消防官兵550.5万人次参加抢险救援，营救遇险被困人员15.1万人次，抢救和保护财产价值413亿元。

——完善执法制度、强化执法管理、加强执法培训。

公安部制定了人民警察盘查规范、人民警察现场制止违法犯罪行为操作规程等执法规范。加强执法信息化建设，建立网上执法监督系统，对执法办案活动实施动态、实时监督。组织开展执法过程中涉案人员非正常死亡问题专项治理、警车和涉案车辆违规问题专项治理和看守所安全大检查等活动，大力整治执法突出问题。

——深入推进公安机关社会管理创新。组织广大民警集中排查化解矛盾纠纷和不稳定因素。利用信息化手段推进社会管理创新。加强和改进实有人口管理。整治边境地区社会治安问题，提高出入境执法服务水平，维护良好的出入境秩序。开展火灾隐患排查整治、建筑消防设施专项治理和消防安全百日专项行动，遏制重特大火灾事故多发势头。实施“文明交通行动计划”，科学实施交通应急管理。

（五）司法行政工作

——监狱、劳教和戒毒工作。加强监狱监管安全设施建设，2010 年全国监狱没有发生重特大安全生产事故和重大疫情。完成 4.4 万余名罪犯扫盲任务，21.5 万人获得职业技术等级证书，罪犯改好率达 93%。出台新的《监狱建设标准》，调整监狱布局。实施监狱信息化工程，2010 年全国监狱信息化投入 8.5 亿元，454 所监狱基本实现网络全覆盖。开展心理测试和全员心理健康教育，难矫治人员守法守规率达93%。戒毒管理工作成效显著，截至2010年底，全国18个省（区）成立了戒毒管理局，建成245个强制隔离戒毒所，收治强制隔离戒毒人员139121人。

——法律服务和法律援助工作。制定《关于进一步加强和改进律师工作的意见》，基本完成改革完善律师制度任务。截至2010年底，全国共有律师事务所17209家，律师200287人。不断加大法律援助财政支持力度，中央和大部分省级地方设立了法律援助专项经费，2010年中央补助地方法律援助办案专款1亿元，中央专项彩票公益基金法律援助项目资金为5000万元，全国法律援助经费总额达到10.12亿元，同比增长33.7%。2010年，全国法律援助机构共组织办理法律援助案727401件，同比增长13.4%。制定公民经济困难标准、法律援助事项补充范围和法律援助办案补贴标准，降低法律援助门槛，扩大法律援助覆盖面。

——人民调解、安置帮教和社区矫正工作。2010年全国人民调解组织共化解各类矛盾纠纷8418393件，调解成功率达96.9%。安置刑满释放和解除劳动教养人员40余万人。全国258个地（市）、1998个县（市、区）、23430个乡镇（街道）已全面开展社区矫正工作，乡镇（街道）社区矫正覆盖面达57%，累计接收社区服刑人员57.7万人、解除矫正30.7万人。

——国家司法考试和司法鉴定工作。2010年国家司法考试共有 39.5 万余人报名，34.5 万余人参考。深化司法鉴定体制机制改革，遴选 10 家国家级司法鉴定机构并向社会公布结果。

五、关于司法体制和工作机制改革

2010年，继续围绕优化司法职权配置、落实宽严相济刑事政策、加强政法队伍建设和政法经费保障等方面，出台多项改革措施，司法体制和工作机制改革成效明显。

（一）全面试行量刑规范化改革

为贯彻落实宽严相济的刑事政策，维护司法公正，从2010年10月1日起，最高人民法院在全国各级法院全面推行量刑规范化改革。《人民法院量刑指导意见（试行）》规定了量刑的指导原则、量刑的基本方法、常见量刑情节的适用以及故意伤害、盗窃等15种常见犯罪的量刑，并授权各高级人民法院在此基础上制定实施细则。《关于规范量刑程序若干问题的意见（试行）》规定，检察机关对公诉案件可提出量刑建议，包括刑罚的种类、幅度、执行方式及其理由和依据。同时，将量刑纳入法庭审理程序，当事人和辩护人、诉讼代理人都可以提出量刑意见，并说明理由。量刑规范化改革进一步规范了刑罚裁量权，增强了量刑的公开性。2010年全面推行量刑规范化改革后，刑事案件上诉率、抗诉率、发回改判率下降，当庭认罪率、退赔退赃率、当庭宣判率和服判息诉率上升。

（二）强化检察机关的监督职能

2010年最高人民检察院和公安部联合下发了《关于刑事立案监督有关问题的规定（试行）》和《关于审查逮捕阶段讯问犯罪嫌疑人的规定》。规定公安机关与人民检察院应当建立刑事案件信息通报制度，定期相互通报刑事发案、报案、立案、破案和刑事立案监督、侦查活动监督、批捕、起诉等情况，重大案件随时通报。有条件的地方，应当建立刑事案件信息共享平台，强化检察机关对刑事立案的监督，保障刑事侦查权的正确行使。明确要求在审查逮捕阶段检察机关必要时应当讯问犯罪嫌疑人，听取犯罪嫌疑人的申辩和委托律师的意见，公安机关应当予以配合。并规定讯问未成年犯罪嫌疑人时应当通知其监护人到场。强化人民检察院对看守所实施法律监督，明确了对看守所的监督范围、监督方式、监督程序和监督责任，建立完善了派驻检察官、在押人员约见检察官等制度。2010年7月最高人民检察院协同最高人民法院、公安部、国家安全部、司法部等联合下发了《关于对司法工作人员在诉讼活动中的渎职行为加强法律监督的若干规定（试行）》，就检察机关对司法工作人员渎职行为进行法律监督的职责，受理和调查渎职行为的责任、权限、方式，调查后的处理等作出了明确规定。检察机关对司法工作人员在诉讼活动中的渎职行为可以通过依法查阅案卷材料、调查核实违法事实、提出纠正违法意见或者建议更换办案人、立案侦查职务犯罪等措施进行法律监督。

（三）推动人民陪审和调解优先，化解社会矛盾

2010年人民陪审员制度进一步完善。最高人民法院下发《关于进一步加强和推进人民陪审工作的若干意见》，对贯彻落实2004年通过的《全国人民代表大会常务委员会关于完善人民陪审员制度的决定》、规范人民陪审员管理，进一步加强和推进人民陪审工作提出了具体要求，规定基层人民法院扩大人民陪审员的选任数量；第一审刑事案件被告人、民商事案件原告或者被告、行政案件原告申请由人民陪审员参加合议庭审判的，人民法院应当安排人民陪审员和法官共同组成合议庭审判等。2010年最高人民法院还下发了《关于进一步贯彻“调解优先、调判结合”工作原则的若干意见》，对完善调解工作制度、抓好调解工作重点环节、规范调解活动、创新调解机制、推动建立“大调解”工作网络体系等作了规范。

（四）执行改革成效显著

新一轮司法体制和工作机制改革要求完善和规范人民法院统一管理的执行工作体制，建立执行裁决权和执行实施权分权制约的执行权运行机制，严格规范执行程序和执行行为，提高执行效率和效果，切实解决“执行难”。继

2009年7月最高人民法院发布《关于进一步加强和规范执行工作的若干意见》后，2010年2月又下发了《关于财产刑执行问题的若干规定》，就人民法院财产刑执行的主体、程序等作出了规定，解决了财产刑执行工作中长期存在的一些问题，完善了财产刑的执行制度。2010年7月，最高人民法院又发布了《关于限制被执行人高消费的若干规定》，通过限制被执行人高消费，避免恶意逃债，最终迫使其主动履行义务，最大限度保护申请执行人的合法权益。2010年7月，最高人民法院发布了与19个部门联合会签的《关于建立和完善执行联动机制若干问题的意见》，积极推动形成党委领导、人大监督、政府支持、政法委协调、人民法院主办、社会各界配合的执行工作新格局。

（五）完善社会监督机制

2010年公安机关大力推动建立实名制信息快速查询协作执法机制，建立健全对刑事立案的社会监督机制，逐步实现侦查机关之间信息资源共享以及对刑事案件的发案、立案、破案信息透明化。司法鉴定体制改革进一步深化，第一批国家级司法鉴定机构已向社会公布，重复鉴定、多头鉴定等问题进一步缓解。人民监督员制度全面展开，司法公开各项制度进一步健全，司法解释协调工作机制已经建立，对司法工作的民主监督明显加强，对案件报道等舆论监督进一步规范。

六、关于全国人大常委会的法律监督

2010年，全国人大常委会为维护国家法制统一，确保宪法、法律得到正确实施，确保行政权、审判权、检察权得到正确行使，确保公民、法人和其他组织的合法权益得到切实保障，继续加强法律监督工作。

（一）对法律实施情况进行检查

根据监督法的规定，开展对法律实施情况的检查监督是全国人大常委会的一项重要职责。全年共检查了食品安全法、台湾同胞投资保护法、妇女权益保障法、科学技术进步法、清洁生产促进法、农业技术推广法、节约能源法等7部法律的实施情况。

在检查食品安全法实施情况时，常委会组成人员要求国务院进一步完善食品安全监管机制，抓紧出台和完善保健食品监管、食品生产许可、食品添加剂等方面的法规和规章，尽快建立和完善统一的食品安全标准体系，保障消费者对转基因食品的知情权和选择权。对此，国务院逐条研究落实，并于7月底向常委会提交了研究处理情况报告。

在检查台湾同胞投资保护法实施情况时，常委会组成人员提出，要进一步提高对保护台湾同胞投资权益重要性的认识，健全台湾同胞权益保障工作体制，完善配套法规和措施，依法查处损害台湾同胞投资权益案件，坚决维护台资企业劳动者合法权益，着力解决台湾同胞在就医、社保和子女上学等方面遇到的实际困难。针对这些意见，国务院决定抓紧制定台胞投资权益保护相关规定和政策性文件，依法妥善处理台胞涉法涉诉案件，积极落实海峡两岸经济合作框架协议，并将这些整改措施向常委会进行了反馈。

在检查科技进步法实施情况时，常委会组成人员认为，目前产学研结合的壁垒依然存在，一方面企业难以成为创新主体，另一方面科研院所的研究成果难以转化为现实的生产力，要加强产学研结合的技术创新体系建设。国务院有关部门根据这一审议意见，决定2010年在科学仪器、集成电路、遥感、资源综合利用等领域推动建立20个产业技术创新战略联盟，有关部门还推动建立了一批研发和产业化基地。

（二）对经济运行和预算执行情况进行监督

2010年，全国人大常委会共听取了国务院关于转移农村劳动力保障农民工权益、文化产业发展、2009年度中央预算执行和其他财政收支的审计工作、2010年1—7月预算执行情况、粮食安全、促进中小企业发展、促进就业和再就业，以及最高人民法院关于民事审判工作情况、最高人民检察院关于改进渎职侵权检察工作等专题工作报告。

在审议国务院关于2010年1—7月预算执行情况的报告时，着重审查了全国人大批准的预算决议的执行情况，中央和地方预算收支的主要情况，财政政策及相关财税措施的实施情况，农业、教育、科技、文化、卫生、社会保障等重点支出的资金到位和使用情况，中央财政对地方转移支付的情况，国债发行情况等。在审议计划、预算执行情况报告和中央决算、审计工作报告时，常委会组成人员认为，面对复杂多变的国际经济环境和连续发生的罕见自然灾害，经过全国上下共同努力，我国国民经济保持平稳较快发展，价格总水平基本稳定，货币信贷增速逐步回落，人民生活进一步改善，中央和地方预算执行情况比较好。同时指出，要加快转变经济发展方式，处理好经济平稳较快发展和调整经济结构、管理通胀预期的关系，努力提高经济增长的质量和效益，着力保障和改善民生，全力做好抗灾救灾和灾后重建工作。要控制一般性支出，确保重点支出，抓紧清理核实并妥善处理地方政府性债务和融资平台公司，防止和化解财政风险。要深化财税体制改革，建立和完善财力与支出责任相匹配的财政体制。审计署按照全国人大常委会就审计工作报告提出的审议意见和国务院要求，从促进公共财政体系逐步健全和完善、规范预算管理和提高财政资金使用效率、加强对重大投资项目审计监督、着力防范财政风险和保障民生等方面，提出了一系列整改措施，并于2010年11月将整改落实情况向全国人大常委会提交了书面报告。

预算公开是建设法治国家的必然要求。2010年十一届全国人大三次会议要求，预算经批准后，应在15日内向社会公开。国务院认真贯彻代表大会决议，扩大预算公开范围，细化预算公开内容，财政部向社会公开的中央财政预算表从2009年的4张增加到2010年的12张，中央本级支出预算表以及中央对地方税收返还和转移支付预算表细化到款级科目，其中，2010年中央本级支出预算表进一步细化为23类123款，比2009年增加了2类82款。还积极推动部门预算公开，截至2010年8月底，共有73个中央部门向社会公开了部门预算中的收支预算总表和财政拨款预算表。广东、北京等省、直辖市人大常委会也积极督促同级政府扩大部门预算提交人民代表大会和向社会公开的范围，在推进预算公开化方面取得了新的进展。

（三）完善监督工作方式方法

——开展专题询问。2010年，全国人大常委会根据监督法等法律规定，结合听取审议中央决算、国家粮食安全、深化医药卫生体制改革等报告，选择人民群众和人大代表普遍关心的问题作为重点，开展了3次专题询问，并通过电视、网络等媒体进行现场报道或直播，得到社会广泛关注。国务院有关部门主要负责同志到会听取意见、回答询问，推动了国务院及其有关部门改进工作，丰富了人大监督工作的形式。

——开展跟踪监督。2010年，全国人大常委会在2009年对部分重大公共投资项目实施情况开展专题调研的基础上，又围绕有关专题，对中央政府公共投资计划实施情况开展跟踪调研，并在调研后要求国务院把政府公共投资项目的后续安排，同编制“十二五”规划纲要有机结合起来，着力深化投资体制和财政体制改革，推动经济发展方式转变和经济结构调整。2010年全国人大常委会听取和审议的最高人民检察院关于改进渎职侵权检察工作情况的报告，是对全国人大常委会2009年就其加强渎职侵权检察工作专项报告所提审议意见研究处理情况的反馈和汇报。常委会组成人员在审议中强调，各级人民检察院要进一步抓好队伍建设和能力建设，不断完善检察工作机制，更好地满足人民群众的司法需求，切实维护社会公平正义。

（四）对规范性文件进行备案审查

2010年，全国人大常委会共收到报送备案的行政法规、地方性法规和司法解释1743件。常委会工作机构根据监督法、立法法的规定，继续做好备案审查工作，认真研究处理公民、社会团体、企业事业组织提出的审查建议，有重点地开展主动审查。重点督促和指导有关方面进一步做好行政法规、地方性法规的清理工作，对新制定的法规有重点地开展审查研究，对最高人民法院、最高人民检察院新制定的司法解释逐件进行审查研究，并促请最高人民法院、最高人民检察院对2005年以前制定的司法解释进行集中清理。

七、关于人权的法治保障

2010年，中国的人权事业继续发展。7月，中国政府向联合国提交了中国履行《经济、社会及文化权利国际公约》的第二次报告，全面介绍了近年来中国在促进和保护经济、社会及文化权利方面取得的成就，并回答了联合国有关机构在审议中国首次履约报告时提出的问题。提交履约报告是中国履行国际人权法义务的重要举措，体现了中国政府重视促进和保护人权、倡导国际人权合作的积极态度。2010年，保障人的尊严成为中国建设法治政府的重要理念，10月国务院下发《关于加强法治政府建设的意见》，明确要求提升政府部门的人权意识，“不得侵害执法对象的人格尊严”。

（一）生存权和发展权保障

——调控房价，保障住房权。住房权是适当生活水准权的重要内容。2010年中央各部门综合运用土地、金融、税收等手段，加强和改善对房地产市场的调控。对省级人民政府稳定房价和住房保障工作进行考核与问责。加强市场监管，稳定市场预期，遏制部分城市房价的过快上涨。推进保障性安居工程，发展公共租赁住房，推进廉租住房建设和棚户区改造。

——职工工资集体协商制度和分配制度改革。职工工资集体协商制度和分配制度改革是工作权和民生保障的重要内容。2010年全国13个省（区、市）开展了工资集体协商工作；23个省（区、市）制定了“集体合同规定”或“集体合同条例”等地方性法规；10个省调整并执行了新的最低工资标准，月最低工资标准最高档平均增长17%左右。

——保护耕地和农民权益。2010年11月国务院常务会议强调农村土地整治要把维护农民合法权益放在首位，要求充分尊重农民意愿，涉及村庄撤并等方面的土地整治，必须由农村集体经济组织和农户自主决定，不得强拆强建。

——以人为本，加强安全生产监管。2010年7月，国务院发布《关于进一步加强企业安全生产的通知》，规定了一系列保障生产安全的制度，如强化生产过程管理的领导责任，企业主要负责人和领导班子成员要轮流现场带班。煤矿、非煤矿山要有矿领导带班并与工人同时下井、同时升井。2010年12月国务院修改《工伤保险条例》，明确了工伤认定范围，提高了工伤补偿标准。

——灾后重建与自然灾害救助。2010年5月国务院公布《关于支持玉树地震灾后恢复重建政策措施的意见》，提出用三年时间基本完成恢复重建主要任务，使灾区基本生产生活条件和经济社会发展全面恢复并超过灾前水平。

2010年9月《自然灾害救助条例》实施，规定县级以上地方人民政府应当制定本区域自然灾害救助应急预案；自然灾害救助工作遵循以人为本、政府主导、分级管理、社会互助、灾民自救的原则；规定了救助准备、应急救助、灾后救助、救助款物管理、法律责任等各个方面。

——加强食品安全监管，保障公众健康。2010年10月卫生部颁布《食品安全国家标准管理办法》，详细规定了食品安全国家标准的规划、起草、审查、公布和修改等各个环节。2010年11月，卫生部等部门联合公布《食品安全信息公布管理办法》，要求食品安全信息公布应当准确、及时、客观，维护消费者和食品生产经营者的合法权益。国务院办公厅还公布了《关于加强地沟油整治和餐厨废弃物管理的意见》，要求建立市（县）长负责制，落实部门监管责任，有效解决“地沟油”回流餐桌问题，切实保障食品安全和人民群众身体健康。

（二）规范城市房屋征收拆迁和补偿

针对近年来房屋征收拆迁中侵犯公民人身权、财产权的事件时有发生的情况，2010年国务院法制办两度就《国有土地上房屋征收与补偿条例（草案）》公开征求社会公众意见。规定征收房屋必须符合公共利益需要，保障性安居工程和旧城区改建必须经人大审议通过，明确了征收范围，扩大了补偿范围，确定了按市场价格补偿原则，加强了对拆迁的监管，禁止行政强制拆迁、暴力拆迁和断水断电等不人道行为。

（三）推进医疗制度改革、保障健康权

2010年医疗制度改革继续推进。全国财政医疗卫生支出预算安排4439亿元，其中中央财政医疗卫生支出预算安排1389亿元，主要用于基本医疗保障、基层医疗服务体系建设和公共卫生服务均等化等。中央投入509亿元解决了历史遗留的600多万关闭破产国有企业退休人员的参保问题，统筹解决了200多万其他关闭破产企业退休人员和困难企业职工参保问题。4573万农民工也已纳入城镇职工医保范围。城镇职工和城镇居民医保参保人数增加到4.24亿人；新农村合作医疗参合人数达到8.35亿人。

（四）促进教育公平、保障平等受教育权

2010年7月教育部颁布了《教育改革和发展规划纲要》，把促进教育公平作为国家基本教育政策、教育改革和发展的重点。纲要提出教育公平是社会公平的重要基础，教育公平的关键是机会公平，基本要求是保障公民依法享有受教育的权利，重点是促进义务教育均衡发展和扶持困难群体，根本措施是合理配置教育资源，向农村地区、边远贫困地区和民族地区倾斜，加快缩小教育差距。教育公平的主要责任在政府，全社会要共同促进教育公平。

（五）反歧视和隐私权保障

2010年2月人力资源和社会保障部、卫生部、教育部联合下发通知，明确取消了入学、就业体检中的乙肝检测项目；因职业特殊确需检测的，应向卫生部提出研究报告和书面申请并经卫生部核准。通知废止了以往国务院有关部门及地方政府发布的所有“乙肝歧视”的政策和规范，并详细列出了违规检查的处罚方式。

（六）刑事司法中的人权保障

2010年全国人大常委会两次审议《刑法修正案(八)》草案，该修正案取消了13个经济性非暴力犯罪的死刑，占死刑罪名总数的19.1%。对判处死刑缓期执行和无期徒刑罪犯的减刑、假释作了严格规范，规定审判时已满七十五周岁的人除以特别残忍手段致人死亡外不适用死刑。最高人民法院、最高人民检察院、公安部等部门联合下发《关于办理死刑案件审查判断证据若干问题的规定》和《关于办理刑事案件排除非法证据若干问题的规定》，对刑事案件证据的取得和认定及综合审查和运用提出了具体详细的标准，对不能作为定案根据的证据作出了明确规定，明确了以暴力、威胁等非法手段取得的证人证言不能作为定案的根据，采用刑讯逼供等非法手段取得的被告人供述不能作为定案的根据。

八、关于知识产权保护

2010年，中国政府继续完善知识产权法制建设，加大知识产权保护执法力度，知识产权保护工作继续向前推进。

（一）知识产权法制建设

2010年1月，国务院发布了修改专利法实施细则的决定，国家知识产权局发布了《施行修改后的专利法实施细则的过渡办法》。修订后的《专利审查指南》、《专利权质押登记办法》、《关于专利电子申请的规定》、《关于台湾同胞专利申请的若干规定》、《专利行政执法办法》等部门规章也相继发布。自2010年11月22日起，国家知识产权局开始受理台胞提出的台湾地区优先权要求。

2010年2月，全国人大常委会对著作权法进行了修改。修改后的著作权法与世界贸易组织《与贸易有关的知识产权协定》的有关规定更趋于一致。国家版权局发布了修订后的《著作权质权登记办法》。

2010年3月，国务院通过了关于修改知识产权海关保护条例的决定。本次修改为继续提升中国海关的知识产权保护水平奠定了良好的法律基础。

（二）加强知识产权保护执法工作

国家知识产权局组织有关单位制定了《2010 年中国保护知识产权行动计划》，开展了上海世博会知识产权保护专项行动，为世博会的创新成果提供知识产权保护。从 2010 年 10 月开始，开展为期半年的打击侵犯知识产权和制售假冒伪劣商品专项行动，严查一批国内外重点关注的侵犯知识产权大案要案，曝光一批违法违规企业。专项行动以保护著作权、商标权、专利权和植物新品种权等为重点内容，以产品制造集中地、商品集散地、侵犯知识产权和制售假冒伪劣商品案件高发地为重点整治地区，以新闻出版业、文化娱乐业、高新技术产业、农业为重点整治领域，以图书、音像、软件、大宗出口商品、汽车配件、手机、药品、种子等为重点查处产品，遏制规模性侵犯知识产权行为，大力净化市场环境。

加强知识产权维权援助中心举报投诉服务工作。截至 2010 年底，国家知识产权局共批复设立 67 家维权援助中心，初步建成全国知识产权维权援助与举报投诉网络。在全国专利执法协作机制的基础上，泛珠三角、长三角、环渤海、中部 16 省市、西部 12 省市、东北三省等跨省专利执法协作机制不断深化；广东、四川、河南、湖南等省内执法协作机制逐步完善。

2010 年，全国知识产权局系统共受理专利侵权纠纷案件 996 件，受理其他专利纠纷案件 17 件，查处假冒专利案件605件，出动执法人员20646人次，检查商业场所10642次，检查商品2134668件，跨部门执法协作545次，跨地区执法协作972次。

（三）加强知识产权审判工作

2010年，各级人民法院深入贯彻实施国家知识产权战略纲要，加强对知识产权的司法保护，审结知识产权案件48051件，同比上升32.96%。加强对驰名商标、农产品地理标志以及现代服务业商标的保护，促进自主品牌的形成和发展。依法审理反垄断和不正当竞争案件，防止知识产权滥用，维护公平竞争的市场秩序和公众合法权益。制定商标授权确权行政案件、境外作品著作权纠纷和网吧著作权纠纷等案件审判指导意见，调整知识产权民事案件级别管辖标准，统一法律适用尺度，促进形成鼓励自主创新、推动科技进步的法治环境。最高人民法院与有关部门联合制定《关于办理侵犯知识产权刑事案件适用法律若干问题的意见》，积极参与打击侵犯知识产权和制售假冒伪劣商品专项行动，依法审判侵犯知识产权刑事案件。加强知识产权法制宣传，发布中国知识产权司法保护状况白皮书、年度报告和典型案例，开通知识产权司法保护网站，提高知识产权审判透明度，保障司法公正。最高人民法院与中国科学技术协会签署知识产权司法保护合作备忘录，聘请专家担任科学技术咨询顾问，为知识产权审判提供智力支持。

九、关于法制宣传

（一）开展主题法制宣传教育活动

围绕促进经济平稳较快发展，广泛宣传相关法律法规。组织开展了“提高农民法律素质、促进新农村建设”主题法制宣传。利用知识产权保护宣传周、国土资源日、水法宣传周、税法宣传月等，组织开展了相关法律法规集中宣传教育活动等。

围绕保障和改善民生，开展劳动就业、安全生产、社会保障、城市拆迁、承包地流转、国企改制等法律法规的宣传。为整治违法排污企业保障群众健康，召开2010年环保专项行动电视电话会议，开展相应的法制宣传活动。配合全国人大常委会检查食品安全法实施情况，加强食品安全法的宣传。

围绕上海世博会、广州亚运会，开展“学法助我世博行”全国网上法律知识竞赛和“精彩世博、法治先行”等主题法制宣传活动；在广州及周边地区组织开展亚运安保法制宣传教育。围绕青海玉树地区抗震救灾、甘肃舟曲特大泥石流救灾和灾后恢复重建，组织开展法律进灾区、进安置点、进帐篷等活动。

围绕选举法、人民调解法、保密法、村民委员会组织法等法律的制定和修改，组织编写出版《选举法法律知识问答》、《人民调解法知识问答》、《村民委员会组织法知识问答》等宣传资料。2010年，各地、各部门组织各级领导干部法律知识考试126万人次，组织公务员法律知识培训和考试450万人次，开展企业经营管理人员法律知识培训170万人次。组织开展了“第七届全国青少年网上普法知识大赛”和“12·4”全国法制宣传日十周年系列活动。

（二）开展推进社会矛盾化解、社会管理创新、公正廉洁执法等三项重点工作的法制宣传

围绕维护社会稳定，组织开展社会矛盾化解法制宣传3.62万场次，发放宣传资料5000多万份。围绕维护西藏、新疆等民族地区社会稳定，继续开展法律进寺庙、进宗教场所活动，开展送法活动8900多场次。围绕推进社会管理创新，开展专项法制宣传6.7万场次，展出展板76万块，张贴标语38万幅，发放宣传材料9000多万份。深入推进法治城市、法治县（市、区）创建、“民主法治示范村”、“民主法治示范社区”、“依法办事示范单位”、“诚信守法企业”等创建活动。全国26个省（区、市）下发了开展法治创建活动意见，241个地级市开展了法治城市创建，1856个县（市、区）开展了法治县创建。

（三）继续推进“双百”活动

2010年，在27个省、自治区、直辖市举行“百名法学家百场报告会”法治宣讲活动268场，直接听众15.5万人。“双百”活动在继续以宣讲宪法、社会主义法治理念、中国特色社会主义法律体系和社会主义司法制度为主要内容的同时，更加重视围绕社会矛盾化解、社会管理创新和公正廉洁执法中的重大法学理论和法治实践问题进行宣讲。2010年的“双百”活动还启动了深入到一般百姓之中的试点工作，开展了“双百”活动基层行系列法治宣讲活动，宣讲对象向下延伸至县、乡、村的干部，扩大了受众范围和覆盖面。

（四）发表《中国法治建设年度报告》

继发表《中国法治建设年度报告》（2008）后，中国法学会又组织撰写并发表了《中国法治建设年度报告》（2009）。报告从关于立法工作，关于依法行政，关于审判、检察、公安和司法行政工作，关于司法体制和工作机制改革，关于法律监督，关于人权的法治保障，关于知识产权保护，关于环境法治建设，关于法制宣传，关于法学教育和法学研究，关于国际交流与国际合作等11个方面，全面反映了中国2009年法治建设情况。

十、关于法学教育和法学研究

（一）法学教育工作进一步推进

2010年7月，《国家中长期教育改革和发展规划纲要(2010－2020)》公布。这是中国进入21世纪以后的第一个教育规划。根据这个规划纲要，中国将在办学体制、培养模式、教学内容、教育方法、评价方式等方面全面开启法学教育改革。

——推进政法院校招录培养体制改革。2010年政法院校招录培养体制改革试点工作继续推进。重点从部队退役士兵和普通高校毕业生中选拔优秀人才，为基层政法机关特别是中西部和其他经济欠发达地区县（市）级以下基层政法机关定点提供人才保障和智力支持。2010年试点班法学专科教育、本科教育和研究生教育三个层次，招录培养16048人。其中硕士研究生758人，本科生8302人，专科生6988人。中国政法大学、中国人民公安大学等66所院校承担了培养任务。

——中国特色法学教育体系基本形成。在“多渠道、多形式、多层次”办学方针的指导下，一个法学教育主体包括普通高校、行业培训机构、科研院所、党校、军事院校、民办学校等，教育形式包括普通高校全日制教育、在职培训、函授、自学考试、广播电视等学历教育或非学历教育，学历层次包括中专、大专、本科、硕士和博士研究生，人才培养模式以学术性和职业性为主的中国特色法学教育体系基本形成。2010年，全国设立法学本科专业的普通高等学校已达620多所，在校法学本科生将近30万人。

——深化法学教育机制、培养模式和教学改革创新。2010年法学教育继续加强社会主义法治理念教育，强调基本教育、特色教育与拓展教育有机结合，职业教育和素质教育并重。启动了一系列提高人才培养质量的试验，如拔尖创新人才培养改革试点，法学教育与经济、金融、管理、新闻等相邻专业的联合学制试点。优化硕士研究生教育结构，大力培养高层次复合型人才。扩大职业性（专业）法律硕士研究生的招生比重，与法律实务部门合作，对口培养有广泛应用前途和就业方向的法律人才。注重法律实践性教学。

——大陆与台湾、香港地区的法学教育交流与合作得到发展。2010年，海峡两岸教育体系几十年的隔阂被打破，正式承诺互相承认学历，两岸双方的相关法学院校多次就“两岸法学教育衔接”、启动“双联”学位等问题，举办法学教育研讨会，以多种方式切实促进两岸法学教育的交流合作。其中，台湾地区中央研究院法律学研究所筹备处于2010年6月在台北市举办了主题为“两岸四地的法律教育”的专题研讨会，来自大陆和香港、澳门、台湾地区的法学院校的学者，就两岸四地的法学教育交流与合作事宜展开了深入探讨。

——加强法学教育的国际交流与合作。清华大学与美国天普大学开展的硕士学位项目、中国人民大学与美国印第安纳大学和明尼苏达大学开展的暑期合作项目，取得了良好效果。2010年10月中国人民大学举办了第二届“21世纪世界百所著名大学法学院院长论坛”，世界百所著名大学法学院院长、重要国际法律组织负责人和国内近400位法学家，就世界各国法学教育发展的状况、法学教育改革的趋势、法学教育内容改革等，进行了交流和探讨，并就加强国际间法学教育的合作达成共识。

（二）法学研究事业进一步发展

——十大专项法学研究规划启动。为繁荣法学研究、推进依法治国，中国法学会在广泛调查研究和深入论证的基础上，于2010年正式实施十大专项研究规划。这一规划包括了依法治国基本方略实施纲要研究、完善中国特色社会主义法律体系研究、全面推进依法行政的法律问题研究等10个重大研究项目，每个项目包含了几十个子课题，汇集了近200位法学研究工作者，目标是在2—3年时间内，通过跨学科、跨领域、跨部门的综合研究和联合攻关，推出一批具有重大理论价值和实践意义的研究成果。

——马克思主义法学理论研究和建设工程取得重要进

展。经过几年努力，《法理学》已由人民出版社和高等教育出版社正式出版，其他重点骨干课程教材也将陆续出版。这些成果体现了中国特色社会主义法治建设的实践和对马克思主义法学中国化的探索。

——法学各学科研究繁荣发展。2010年，各法学学科的研究成果丰硕。宪法学围绕“宪法与中国特色社会主义法律体系”，重点研究了宪法与法律体系构建的基本原理、宪法与部门法、宪法与地方立法等问题。法理学以“社会主义法治理念与中国法治之路”为主题，重点研究了社会主义法治理念的基本内涵及特征、社会主义法治理念与司法、法治创新与权利保障、实践法理学与法律方法等问题。行政法学重点研究了建设法治政府、依法执政、依法行政、村民自治、志愿者立法和群体性事件处置、社会管理创新、建设服务型政府等问题。民法学针对侵权责任法、民法典体系、现行民事法律制度实施中的疑难问题、农村民事法律关系的调整与完善，以及城市房屋拆迁、农村土地承包经营权的调整、占有及动产抵押等具体制度问题展开研究。商法学围绕商事审判的特殊性，重点研究了公司、保险、证券、破产、票据、海商、信托等法律适用中的疑难问题。知识产权法学围绕国家创新体系的法律保障，重点研究了知识产权战略与法治、产学研合作模式创新与立法、技术转移的法律机制以及网络时代的著作权法修订、传统文化表达保护等问题。经济法学围绕经济结构战略性调整与法律的互动，重点研究了经济法中的社会政策、依法保障和改善民生、以法治促进经济发展方式转变等问题。社会法学围绕社会安全、社会建设与社会法，重点研究了社会分配的法律规制、职业安全卫生的法律保障、劳动争议处理机制的建设、农民工权益的法律保护等问题。国际经济法学围绕后危机时代的国际经济与金融新秩序，重点研究了中国在推动建立公平国际经济秩序中的作用，人民币国际化与国际货币体制改革的法律问题，海峡两岸经济合作框架协议的法律问题，中美双边投资协定谈判的法律问题。国际公法研究的重点包括民族自决权，国际贸易法律秩序，金融危机与国际金融秩序改革，海洋法问题，国家主权豁免问题，气候变化与国际环境法等。国际私法的研究重心围绕《中华人民共和国涉外民事关系法律适用法（草案)》展开，还涉及了国际私法的理论与实践，国际私法统一化运动等重要问题。刑法学重点研究了《刑法修正案（八）（草案)》、刑事司法解释、社会危害性理论、刑罚结构的调整与死刑的立法控制、黑社会性质组织犯罪的惩治与防范等问题。民事诉讼法学围绕司法体制改革与民事诉讼监督制度完善，重点研究了完善民事抗诉制度、对民事审判过程的监督、对民事执行的监督、上级法院对下级法院的监督、民事诉讼中的检法关系等问题。刑事诉讼法学围绕“进一步深化刑事司法改革，推进刑事诉讼法修改完善”的主题，重点研究了量刑程序改革、侦查程序改革、刑事强制措施改革、刑事辩护制度完善等问题。中国法律史学重点研究了吏治与法律文化，中国传统法律文化研究展望等问题。外国法制史学重点研究了法与宗教的关系及其演变等问题。2010 年共出版法学著作 1400 余种，法学研究各领域的对外交流与合作愈加纷繁与广泛。

十一、关于国际交流与国际合作

2010年，中国积极参与有关国际立法，继续加强法治领域的国际交流与合作，努力推进涉外法治建设，并就国际法治领域热点问题向国际社会积极表达立场、观点和看法，在国际交流与国际合作等方面取得了一系列积极成果。

（一）积极参与有关国际立法，切实履行有关国际义务

——继续推进反恐国际立法工作。中国代表团参加了联大反恐特委会届会等反恐国际立法会议，中国政府认真执行安理会制裁决议，努力做好相关机构和个人的监管工作。2010年8月，全国人大常委会批准《制止核恐怖主义行为国际公约》，中国参加的联合国框架下的反恐公约增加至12项，进一步扩展了中国与相关国家开展国际反恐合作的法律基础。

——在地区反恐立法层面，中国政府继续推动与周边国家缔结打击恐怖主义的双边条约，利用上海合作组织下的区域反恐机构和相关法律文件开展合作交流。2010年9月，中俄完成打击“三股势力”合作协定谈判并签署该协

定。

——在国际人道法方面，中国政府积极参加有关国际人道法条约，并在有关国际会议上阐述了中方的立场和看法。2010年4月，全国人大常委会批准《战争遗留爆炸物议定书》。11月，中国观察员代表团团长在《渥太华禁雷公约》缔约国大会上发言表示，作为《特定常规武器公约》经修订的《地雷议定书》缔约国，中国一贯严格履行议定书各项义务。2010年，中国政府在华为苏丹、阿富汗举办人道主义扫雷培训班。中国政府还向秘鲁提供了地雷受害者援助，这是中国首次对外提供此类援助。12月，中国裁军大使在《禁止生物武器公约》缔约国会上发言表示，《公约》在消除生物武器威胁、防止生物武器扩散、应对生物恐怖主义、加强生物安全等方面发挥着不可替代的重要作用。

——在国际海洋法方面，中国政府派团参加了《联合国海洋法公约》缔约国会议等海洋法领域的重要国际会议，阐述中方在有关问题上的立场。12月，中国常驻联合国副代表在第65届联大全会发言表示，希望大陆架界限委员会对沿海国划界案的审议不仅符合国际社会的期待，而且经得起科学、法律和时间的检验，并表示中国政府一贯重视国际海洋法法庭在和平解决海洋争端、维护国际海洋秩序方面的重要作用，支持法庭根据《公约》规定履行职责。5月，“大陆架和国际海底区域制度科学与法律问题国际研讨会”在北京召开，与会代表就“大陆架制度的理论与实践”、“大陆架制度的科学问题”和“国际海底区域和深海资源环境”等议题和一些热点问题进行了广泛而深入的讨论。8月，中国政府就国际海底活动担保国责任咨询案向国际海洋法法庭提交书面意见。这是中国第一次参加国际海洋法法庭相关案件的审理程序。

——在外空法方面，2010年6月，中国代表团参加联合国和平利用外层空间委员会第53届会议时发言强调，中国政府支持并积极倡导在不影响现有法律框架的前提下，通过谈判缔结综合性的法律文书，以维护外空的和平与安宁，解决在探索和利用外空过程中产生的新问题，促进和谐外空的法治建设。截至2010年，中国已与46个国家签署了双边空间合作协定。作为“亚太空间合作组织”的东道国，中国与该组织各成员国开展了富有成效的合作，对促进本地区空间交流发挥了积极作用。中国还积极参加联合国和平利用外空委员会工作，为达成《空间碎片减缓指南》等重要空间规则作出了贡献。

——在国际刑法领域热点问题上，2010年11月，中国代表在第65届联大三委通过“暂停适用死刑”决议草案前的解释性发言中强调，死刑问题是属于一国主权范围内的立法和司法问题，其他国家无权干涉。国际社会在废除死刑问题上并无共识。联大讨论并通过涉及死刑问题的决议违背了《联合国宪章》不干涉国家内政的原则，只会使该问题进一步政治化、复杂化，无助于弥合分歧，解决问题，也不可能改变各国在该问题上的不同立场。中国代表并敦促决议共提国采取客观、公正、平衡的态度，尊重各国司法主权，摒弃将死刑问题政治化的做法，停止通过提交决议的方式将自己的观点强加于人。

在国际人权文书领域，中国积极参加《儿童权利公约》关于来文程序任择议定书起草工作，提交了“中国政府对议定书草案基本要点的非文件的评论”，派出代表团参加议定书工作组起草会议，深入参与各项议题的讨论，发挥了建设性的作用。中国认真履行国际人权条约义务，按时向人权条约机构提交履约报告。2010年，中国提交了履行《儿童权利公约》第三四期合并报告、《儿童权利公约关于儿童卷入武装冲突问题的任择议定书》首期报告、《残疾人权利公约》首期报告、《经济、社会和文化权利国际公约》第二期报告，全面介绍了近几年来中国在履行上述条约相关情况。

（二）司法协助等领域的工作成果突出

截至2010年，中国已与近60个国家签订了100多项司法协助类条约，其中多数涉及刑事司法事项的互助。中国迄今参加了20多项含有国际司法合作内容的多边国际公约，并同相关国家开展了被判刑人移管的良好合作。

——4月，全国人大常委会批准了《中华人民共和国和印度尼西亚共和国引渡条约》。6月，中国和英国境外追赃研讨会在北京召开。11月，中国与澳大利亚在北京联合召开中澳刑事司法协助研讨会及双方中央机关闭门磋商会，探讨了许多刑事司法国际合作的相关问题。

——中非司法合作成绩突出。截至2010年，中国与非洲国家签订了14项双边司法合作条约。中国与突尼斯、南非、纳米比亚、阿尔及利亚四个非洲国家签订了双边刑事司法协助条约，均已生效。中国还与埃及签订了双边民事、商事和刑事司法协助协定，也已生效。根据这五项条约，中国与有关的非洲国家相互承担了依条约提供刑事司法协助的义务，包括代为送达刑事诉讼文书、调查取证、查找或辨认人员、进行司法勘验等。

中国还与突尼斯、南非、莱索托、纳米比亚、阿尔及利亚和安哥拉六国签订了引渡条约，前五项条约均已生效。根据这些条约，中国与有关非洲国家相互承担义务，在符合条约规定的情况下，将在本国境内被对方通缉的人员引渡给对方以便进行追诉或执行刑罚。

在中非民商事司法合作方面，中国目前与摩洛哥、突尼斯和阿尔及利亚签订了双边民商事司法协助条约，除2010年初签署的中国与阿尔及利亚民商事司法协助条约外，其他条约已生效。根据上述条约或协定，中国与有关国家可相互协助代为送达民商事文书、调查取证以及承认和执行法院民商事裁决和仲裁裁决。

——在反腐败领域的司法协助问题上，中国政府已批准和加入包括《联合国反腐败公约》在内多个国际公约，与外国签订双边民刑事司法互助条约（包括移管被判刑人条约）77项，与33个国家签署了引渡条约。中国还协助外国政府对跨国腐败的打击。12月，中国代表团出席《联合国反腐败公约》预防腐败问题工作组首次会议，中方代表就国家预防腐败局开展预防腐败技术援助工作情况发言，并表示全球金融危机影响仍未消除，各国防治腐败斗争仍面临严峻挑战。各国更应加强合作，同舟共济，为促进全球实体经济复苏，创造一个廉洁透明、公平公正的良好环境。

（三）围绕气候变化问题的对话和谈判

2010年气候谈判依然是国际舆论的焦点之一。发达国家与发展中国家之间有关发达国家第二承诺期减排指标、发展中国家国内减缓行动的透明度、适当措施、资金支持和技术转让等问题上的分歧依旧。2010年，中国积极开展和参与了多渠道、各层面的国际磋商与交流，加强了与发展中国家的沟通协调和与发达国家的对话。

——2010年1月，温家宝总理分别复信丹麦首相拉斯穆森和联合国秘书长潘基文，表示中方积极评价并支持联合国哥本哈根气候变化会议发表的《哥本哈根协议》，中方将一如既往地发挥积极和建设性作用，同国际社会一道，推动墨西哥会议切实完成巴厘路线图谈判任务，达成加强公约和议定书实施的全面、有效和有约束力的成果，为应对气候变化尽自己的力量。

——2010 年 4 月，中欧气候变化部长级磋商在北京举行，并发表中欧气候变化对话与合作联合声明，形成了中欧气候变化部长级对话与合作机制，具有标志性意义。

——2010 年 10 月，联合国气候谈判会议在天津举行，这是中国第一次承办联合国气候谈判会议，展示了中国政府在气候变化问题上一直以来的积极态度。

——2010 年 11 月，胡锦涛主席访问法国期间，两国部门代表签署《中华人民共和国国家发展和改革委员会和法兰西共和国生态、能源、可持续发展和海洋部关于加强应对气候变化合作的协议》，正式启动中法应对气候变化双边磋商机制。

2010 年 12 月，《联合国气候变化框架公约》第十六次缔约方会议和《京都议定书》第六次缔约方会议在墨西哥坎昆举行，中方以积极、建设性的态度与会，与各方一道推动达成了“坎昆协议”。

（四）对外法学交流不断发展

2010 年 9 月，在吉林长春举办了第二届“东北亚法律合作论坛”，中国、日本、韩国、蒙古等国家法学、法律界的专家学者 160 多人围绕“东北亚区域国家间经贸合作的法律环境”展开了探讨。

2010年9月，在北京举办了第二届“中非合作论坛－法律论坛”，中国和非洲近40个国家的200多位代表出席，论坛的主题是“把握机遇，加强法律合作，推动中非新型战略伙伴关系全面发展”。论坛并通过了《北京宣言》。

2010年11月，在重庆举办了第五届“中国－东盟法律合作与发展高层论坛”。论坛就中国－东盟自由贸易区相关法律问题进行了研究，强调了自由贸易区建成后的法律实务合作，就加强法学法律合作，促进区域经济一体化，推动区域共同发展达成广泛共识。

2010年12月，在秘鲁利马举办了第四届“中国—拉美法律合作论坛”，中国、阿根廷、巴西、智利、哥伦比亚、厄瓜多尔和秘鲁等国的200多名政府官员、法学家、律师和公司法务人员围绕“迈向构筑商业战略伙伴关系”这一主题，在涉及民商法、公司法、环境法、民商事诉讼、仲裁和调解、中拉自由贸易区、中拉关系和务实合作等多个领域进行了广泛的探讨。

（五）积极参与有关国际法律机构工作

中国籍委员、法官继续积极参与联合国国际法委员会、国际法院等国际法律机构的活动，中国政府继续就有关问题积极发表看法和观点，推进有关国际立法司法工作。

2010年5月，联合国国际法委员会第62届会议在日内瓦开幕。中国外交部法律顾问、国际法委员会资深委员薛捍勤大使当选本届会议主席，成为委员会历史上第一位女性主席。6月，薛捍勤当选国际法院法官，同时也成为这一权威国际司法机构中的首位中国籍女法官。

——在国际刑事法院问题上，2010年10月，中国代表在联大关于“国际刑事法院的报告”议题发言表示，中方一贯重视国际刑事司法在促进社会发展中的作用，支持建立一个独立、公正、有效且具有普遍性的国际刑事司法机构，以作为对国家法律体系的补充，惩治最严重的国际罪行，促进世界和平，实现司法正义。同时，法院成功运作离不开国家的支持和相关国际组织的配合，法院的行动必须在以《联合国宪章》为基石的现代国际法体系内进行。6月，在乌干达首都坎帕拉举行的罗马规约第一次审查会议通过了关于侵略罪条款的修正案。中方作为观察员，以积极、负责任的态度参与了侵略罪条款的谈判。

——在国际法委员会问题上，10月，中国代表在联大六委关于“国际法委员会第六十二届会议工作报告”议题下发言表示，中国政府重视国际法委员会，珍视委员会在编纂和逐渐发展国际法方面的贡献，并具体就驱逐外国人、武装冲突对条约的影响、发生灾害时的人员保护三个专题发表了评论。

（六）积极利用国际机制解决贸易争端

2010年2月，在世界贸易组织争端解决机制中针对欧盟对华鞋类反倾销措施进行投诉，要求与欧盟磋商。在磋商请求中，中国认为欧盟的反倾销措施违反《反倾销协定》、1994年关贸总协定和《中国加入议定书》的相关条款。9月，世界贸易组织争端解决专家组对中国投诉美国的禽类进口措施案做出裁决，美国败诉并正式表示不上诉；10月，世界贸易组织争端解决专家组对中国投诉美国的对华某些产品反倾销和反补贴措施案做出裁决；12月，世界贸易组织争端解决专家组分别就中国投诉欧盟对华紧固件反倾销措施案和中国投诉美国的轮胎特保措施案做出裁决。

结束语

2010年是中国实施“十一五”规划的最后一年，经过不懈努力，中国的法治建设成绩卓著，为中国社会主义现代化建设提供了有力的支持和保障。

2011年是“十二五”开局之年。中国法治建设的任务仍然繁重艰巨。中国特色社会主义法律体系将进一步完善，依法执政、依法行政、公正司法、依法办事的要求将更加迫切，提高全社会法律意识和法治观念的工作将更加深入持久。面对新的形势新的挑战，中国各族人民将继续在中国共产党的领导下，再接再厉，毫不动摇地坚持中国特色社会主义政治发展道路，努力在中华大地上谱写法治建设的新篇章。

附　录

一、中华人民共和国现行有效法律分类目录（237件）

（截至2010年12月十一届全国人大常委会第十八次会议）

中华人民共和国宪法（1982年）

中华人民共和国宪法修正案（1988年）

中华人民共和国宪法修正案（1993年）

中华人民共和国宪法修正案（1999年）

中华人民共和国宪法修正案（2004年）

（一）宪法相关法（38件）

1. 中华人民共和国地方各级人民代表大会和地方各级人民政府组织法（1979年，1982年修正、1986年修正、1995年修正、2004年修正）
2. 中华人民共和国全国人民代表大会和地方各级人民代表大会选举法（1979年，1982年修正、1986年修正、1995年修正、2004年修正、2010年修正）
3. 中华人民共和国人民法院组织法（1979年，1983年修

正、1986 年修正、2006 年修正）

4. 中华人民共和国人民检察院组织法（1979 年，1983 年修正、1986 年修正）
5. 中华人民共和国国籍法（1980 年）
6. 中华人民共和国全国人民代表大会组织法（1982 年）
7. 中华人民共和国国务院组织法（1982 年）
8. 全国人民代表大会常务委员会关于县级以下人民代表大会代表直接选举的若干规定（1983 年）
9. 中华人民共和国民族区域自治法（1984 年，2001 年修正）
10. 全国人民代表大会常务委员会关于在沿海港口城市设立海事法院的决定（1984 年）
11. 中华人民共和国外交特权与豁免条例（1986 年）
12. 中华人民共和国全国人民代表大会常务委员会议事规则（1987 年，2009 年修正）
13. 全国人民代表大会常务委员会关于批准中央军事委员会《关于授予军队离休干部中国人民解放军功勋荣誉章的规定》的决定（1988 年）

    附：关于授予军队离休干部中国人民解放军功勋荣誉章的规定
14. 中华人民共和国全国人民代表大会议事规则（1989 年）
15. 中华人民共和国集会游行示威法（1989 年，2009 年清

理修正）

16. 中华人民共和国城市居民委员会组织法（1989 年）

17. 中华人民共和国香港特别行政区基本法（1990 年）

附件一　香港特别行政区行政长官的产生办法

附件二　香港特别行政区立法会的产生办法和表决程序

附件三　在香港特别行政区实施的全国性法律

18. 中华人民共和国国旗法（1990 年，2009 年清理修正）

19. 中华人民共和国领事特权与豁免条例（1990 年）

20. 中华人民共和国缔结条约程序法（1990 年）

21. 中华人民共和国国徽法（1991 年，2009 年清理修正）

22. 中华人民共和国领海及毗连区法（1992 年）

23. 中华人民共和国全国人民代表大会和地方各级人民代表大会代表法（1992 年、2009 年清理修正 2010 年修正）

24. 中华人民共和国澳门特别行政区基本法（1993 年）

附件一　澳门特别行政区行政长官的产生办法

附件二　澳门特别行政区立法会的产生办法

附件三　在澳门特别行政区实施的全国性法律

25. 中华人民共和国国家赔偿法（1994 年，2010 年修正）

26. 中华人民共和国法官法（1995 年，2001 年修正）

27. 中华人民共和国检察官法（1995 年，2001 年修正）

28. 中华人民共和国戒严法（1996 年）

29. 中国人民解放军选举全国人民代表大会和县级以上地

方各级人民代表大会代表的办法（1981年，1996年修订，修改为现名称）

30. 中华人民共和国香港特别行政区驻军法（1996年）
31. 中华人民共和国国防法（1997年，2009年清理修正）
32. 中华人民共和国专属经济区和大陆架法（1998年）
33. 中华人民共和国村民委员会组织法（1998年，2010年修订）
34. 中华人民共和国澳门特别行政区驻军法（1999年）
35. 中华人民共和国立法法（2000年）
36. 反分裂国家法（2005年）
37. 中华人民共和国外国中央银行财产司法强制措施豁免法（2005年）
38. 中华人民共和国各级人民代表大会常务委员会监督法（2006年）

（二）民法商法（33件）

1. 中华人民共和国中外合资经营企业法（1979年，1990年修正、2001年修正）
2. 中华人民共和国婚姻法（1980年，2001年修正）
3. 中华人民共和国商标法（1982年，1993年修正、2001年修正）
4. 中华人民共和国专利法（1984年，1992年修正、2000年修正、2008年修正）

5. 中华人民共和国继承法（1985 年）
6. 中华人民共和国民法通则（1986 年，2009 年清理修正）
7. 中华人民共和国外资企业法（1986 年，2000 年修正）
8. 中华人民共和国全民所有制工业企业法（1988 年，2009 年清理修正）
9. 中华人民共和国中外合作经营企业法（1988 年，2000 年修正）
10. 中华人民共和国著作权法（1990 年，2001 年修正、2010 年修正）
11. 中华人民共和国收养法（1991 年，1998 年修正）
12. 中华人民共和国海商法（1992 年）
13. 中华人民共和国消费者权益保护法（1993 年，2009 年清理修正）
14. 中华人民共和国公司法（1993 年，1999 年修正、2004 年修正、2005 年修订）
15. 中华人民共和国商业银行法（1995 年，2003 年修正）
16. 中华人民共和国票据法（1995 年，2004 年修正）
17. 中华人民共和国担保法（1995 年）
18. 中华人民共和国保险法（1995 年，2002 年修正、2009 年修订）
19. 中华人民共和国拍卖法（1996 年，2004 年修正）
20. 中华人民共和国合伙企业法（1997 年，2006 年修订）
21. 中华人民共和国证券法（1998 年，2004 年修正、2005

年修订）

22. 中华人民共和国合同法（1999年）

23. 中华人民共和国个人独资企业法（1999年）

24. 中华人民共和国招标投标法（1999年）

25. 中华人民共和国信托法（2001年）

26. 中华人民共和国农村土地承包法（2002年，2009年清理修正）

27. 中华人民共和国证券投资基金法（2003年）

28. 中华人民共和国电子签名法（2004年）

29. 中华人民共和国企业破产法（2006年）

30. 中华人民共和国农民专业合作社法（2006年）

31. 中华人民共和国物权法（2007年）

32. 中华人民共和国侵权责任法（2009年）

33. 中华人民共和国涉外民事关系法律适用法（2010年）

（三）行政法（77件）

1. 全国人民代表大会常务委员会批准国务院关于劳动教养问题的决定的决议（1957年）

附：国务院关于劳动教养问题的决定

2. 中华人民共和国户口登记条例（1958年）

3. 全国人民代表大会常务委员会关于批准《国务院关于安置老弱病残干部的暂行办法》的决议（1978年）

附：国务院关于安置老弱病残干部的暂行办法

4. 全国人民代表大会常务委员会批准《国务院关于劳动教养的补充规定》的决议（1979 年）

附：国务院关于劳动教养的补充规定

5. 中华人民共和国学位条例（1980 年，2004 年修正）

6. 全国人民代表大会常务委员会关于批准《国务院关于老干部离职休养的暂行规定》的决议（1980 年）

附：国务院关于老干部离职休养的暂行规定

7. 中华人民共和国海洋环境保护法（1982 年，1999 年修订）

8. 中华人民共和国文物保护法（1982 年，1991 年修正、2002 年修订、2007 年修正）

9. 中华人民共和国海上交通安全法（1983 年）

10. 中华人民共和国水污染防治法（1984 年，1996 年修正、2008 年修订）

11. 中华人民共和国兵役法（1984 年，1998 年修正、2009 年清理修正）

12. 中华人民共和国药品管理法（1984 年，2001 年修订）

13. 中华人民共和国外国人入境出境管理法（1985 年）

14. 中华人民共和国公民出境入境管理法（1985 年，2009 年清理修正）

15. 中华人民共和国义务教育法（1986 年，2006 年修订）

16. 中华人民共和国国境卫生检疫法（1986 年，2007 年修正、2009 年清理修正）

17. 中华人民共和国海关法（1987 年，2000 年修正）
18. 中华人民共和国大气污染防治法（1987 年，1995 年修正、2000 年修订）
19. 中华人民共和国档案法（1987 年，1996 年修正）
20. 中国人民解放军军官军衔条例（1988 年，1994 年修正）
21. 中华人民共和国保守国家秘密法（1988 年，2010 年修订）
22. 中华人民共和国野生动物保护法（1988 年，2004 年修正、2009 年清理修正）
23. 中华人民共和国传染病防治法（1989 年，2004 年修订）
24. 中华人民共和国环境保护法（1989 年）
25. 中华人民共和国军事设施保护法（1990 年，2009 年清理修正）
26. 中华人民共和国人民警察警衔条例（1992 年，2009 年清理修正）
27. 中华人民共和国测绘法（1992 年，2002 年修订）
28. 中华人民共和国国家安全法（1993 年，2009 年清理修正）
29. 中华人民共和国科学技术进步法（1993 年，2007 年修订）
30. 中华人民共和国教师法（1993 年，2009 年清理修正）

31. 中华人民共和国母婴保健法（1994年，2009年清理修正）
32. 中华人民共和国监狱法（1994年）
33. 中华人民共和国人民警察法（1995年）
34. 中华人民共和国教育法（1995年，2009年清理修正）
35. 中华人民共和国预备役军官法（1995年，2010年修正）
36. 中华人民共和国体育法（1995年，2009年清理修正）
37. 中华人民共和国固体废物污染环境防治法（1995年，2004年修订）
38. 中华人民共和国行政处罚法（1996年，2009年清理修正）
39. 中华人民共和国律师法（1996年，2001年修正、2007年修订）
40. 中华人民共和国促进科技成果转化法（1996年）
41. 中华人民共和国职业教育法（1996年）
42. 中华人民共和国枪支管理法（1996年，2009年清理修正）
43. 中华人民共和国环境噪声污染防治法（1996年）
44. 中华人民共和国人民防空法（1996年，2009年清理修正）
45. 中华人民共和国行政监察法（1997年，2010年修正）
46. 中华人民共和国献血法（1997年）

47. 中华人民共和国防震减灾法（1997年，2008年修订）
48. 中华人民共和国消防法（1998年，2008年修订）
49. 中华人民共和国执业医师法（1998年，2009年清理修正）
50. 中华人民共和国高等教育法（1998年）
51. 中华人民共和国行政复议法（1999年，2009年清理修正）
52. 中华人民共和国气象法（1999年，2009年清理修正）
53. 中华人民共和国国家通用语言文字法（2000年）
54. 中华人民共和国现役军官法（1988年，1994年修正、2000年修正，修改为现名称）
55. 中华人民共和国国防教育法（2001年）
56. 中华人民共和国防沙治沙法（2001年）
57. 中华人民共和国人口与计划生育法（2001年）
58. 中华人民共和国科学技术普及法（2002年）
59. 中华人民共和国环境影响评价法（2002年）
60. 中华人民共和国民办教育促进法（2002年）
61. 中华人民共和国海关关衔条例（2003年）
62. 中华人民共和国居民身份证法（2003年）
63. 中华人民共和国放射性污染防治法（2003年）
64. 中华人民共和国行政许可法（2003年）
65. 中华人民共和国道路交通安全法（2003年，2007年修正）

66. 中华人民共和国公务员法（2005 年）
67. 中华人民共和国治安管理处罚法（2005 年）
68. 中华人民共和国公证法（2005 年）
69. 中华人民共和国护照法（2006 年）
70. 中华人民共和国突发事件应对法（2007 年）
71. 中华人民共和国城乡规划法（2007 年）
72. 中华人民共和国禁毒法（2007 年）
73. 中华人民共和国食品安全法（2009 年）
74. 中华人民共和国人民武装警察法（2009 年）
75. 中华人民共和国驻外外交人员法（2009 年）
76. 中华人民共和国海岛保护法（2009 年）
77. 中华人民共和国国防动员法（2010 年）

（四）经济法（59 件）

1. 全国人民代表大会常务委员会关于批准《广东省经济特区条例》的决议（1980 年）

   附：广东省经济特区条例
2. 中华人民共和国个人所得税法（1980 年，1993 年修正、1999 年修正、2005 年修正、2007 年两次修正）
3. 中华人民共和国统计法（1983 年，1996 年修正、2009 年修订）
4. 中华人民共和国森林法（1984 年，1998 年修正、2009 年清理修正）

5. 中华人民共和国会计法（1985 年，1993 年修正、1999 年修订）
6. 中华人民共和国草原法（1985 年，2002 年修订、2009 年清理修正）
7. 中华人民共和国计量法（1985 年，2009 年清理修正）
8. 中华人民共和国渔业法（1986 年，2000 年修正、2004 年修正、2009 年清理修正）
9. 中华人民共和国矿产资源法（1986 年，1996 年修正、2009 年清理修正）
10. 中华人民共和国土地管理法（1986 年，1988 年修正、1998 年修订、2004 年修正）
11. 中华人民共和国邮政法（1986 年，2009 年修订）
12. 中华人民共和国水法（1988 年，2002 年修订、2009 年清理修正）
13. 中华人民共和国标准化法（1988 年）
14. 中华人民共和国进出口商品检验法（1989 年，2002 年修正）
15. 中华人民共和国铁路法（1990 年，2009 年清理修正）
16. 中华人民共和国烟草专卖法（1991 年，2009 年清理修正）
17. 中华人民共和国水土保持法（1991 年，2009 年清理修正、2010 年修订）
18. 中华人民共和国进出境动植物检疫法（1991 年，2009

年清理修正）

19. 中华人民共和国税收征收管理法（1992 年，1995 年修正、2001 年修订）
20. 中华人民共和国产品质量法（1993 年，2000 年修正、2009 年清理修正）
21. 中华人民共和国农业技术推广法（1993 年）
22. 中华人民共和国农业法（1993 年，2002 年修订、2009 年清理修正）
23. 中华人民共和国反不正当竞争法（1993 年）
24. 中华人民共和国注册会计师法（1993 年）
25. 全国人民代表大会常务委员会关于外商投资企业和外国企业适用增值税、消费税、营业税等税收暂行条例的决定（1993 年）
26. 中华人民共和国台湾同胞投资保护法（1994 年）
27. 中华人民共和国预算法（1994 年）
28. 中华人民共和国对外贸易法（1994 年，2004 年修订）
29. 中华人民共和国城市房地产管理法（1994 年，2007 年修正、2009 年清理修正）
30. 中华人民共和国审计法（1994 年，2006 年修正）
31. 中华人民共和国广告法（1994 年）
32. 中华人民共和国中国人民银行法（1995 年，2003 年修正）
33. 中华人民共和国民用航空法（1995 年，2009 年清理修

正）

34. 中华人民共和国电力法（1995年，2009年清理修正）

35. 中华人民共和国煤炭法（1996年，2009年清理修正）

36. 中华人民共和国乡镇企业法（1996年）

37. 中华人民共和国公路法（1997年，1999年修正、2004年修正、2009年清理修正）

38. 中华人民共和国动物防疫法（1997年，2007年修订）

39. 中华人民共和国防洪法（1997年，2009年清理修正）

40. 中华人民共和国节约能源法（1997年，2007年修订）

41. 中华人民共和国建筑法（1997年）

42. 中华人民共和国价格法（1997年）

43. 中华人民共和国种子法（2000年，2004年修正）

44. 中华人民共和国海域使用管理法（2001年）

45. 中华人民共和国政府采购法（2002年）

46. 中华人民共和国中小企业促进法（2002年）

47. 中华人民共和国清洁生产促进法（2002年）

48. 中华人民共和国港口法（2003年）

49. 中华人民共和国银行业监督管理法（2003年，2006年修正）

50. 中华人民共和国农业机械化促进法（2004年）

51. 中华人民共和国可再生能源法（2005年，2009年修正）

52. 中华人民共和国畜牧法（2005年）

53. 中华人民共和国农产品质量安全法（2006年）
54. 中华人民共和国反洗钱法（2006年）
55. 中华人民共和国企业所得税法（2007年）
56. 中华人民共和国反垄断法（2007年）
57. 中华人民共和国循环经济促进法（2008年）
58. 中华人民共和国企业国有资产法（2008年）
59. 中华人民共和国石油天然气管道保护法（2010年）

（五）社会法（18件）

1. 全国人民代表大会常务委员会关于批准《国务院关于工人退休、退职的暂行办法》的决议（1978年）
   附：国务院关于工人退休、退职的暂行办法
2. 全国人民代表大会常务委员会关于批准《国务院关于职工探亲待遇的规定》的决议（1981年）
   附：国务院关于职工探亲待遇的规定
3. 中华人民共和国归侨侨眷权益保护法（1990年，2000年修正、2009年清理修正）
4. 中华人民共和国残疾人保障法（1990年，2008年修订）
5. 中华人民共和国未成年人保护法（1991年，2006年修订）
6. 中华人民共和国工会法（1992年，2001年修正、2009年清理修正）
7. 中华人民共和国妇女权益保障法（1992年，2005年修

正）

8. 中华人民共和国矿山安全法（1992 年，2009 年清理修正）

9. 中华人民共和国红十字会法（1993 年，2009 年清理修正）

10. 中华人民共和国劳动法（1994 年，2009 年清理修正）

11. 中华人民共和国老年人权益保障法（1996 年，2009 年清理修正）

12. 中华人民共和国预防未成年人犯罪法（1999 年）

13. 中华人民共和国公益事业捐赠法（1999 年）

14. 中华人民共和国职业病防治法（2001 年）

15. 中华人民共和国安全生产法（2002 年，2009 年清理修正）

16. 中华人民共和国劳动合同法（2007 年）

17. 中华人民共和国就业促进法（2007 年）

18. 中华人民共和国社会保险法（2010 年）

（六）刑法（1 件）

中华人民共和国刑法（1979 年，1997 年修订、2009 年清理修正）

全国人民代表大会常务委员会关于惩治骗购外汇、逃汇和非法买卖外汇犯罪的决定（1998 年）

中华人民共和国刑法修正案（1999 年）

中华人民共和国刑法修正案（二）（2001 年）
中华人民共和国刑法修正案（三）（2001 年）
中华人民共和国刑法修正案（四）（2002 年）
中华人民共和国刑法修正案（五）（2005 年）
中华人民共和国刑法修正案（六）（2006 年）
中华人民共和国刑法修正案（七）（2009 年）

（七）诉讼与非诉讼程序法（10 件）

1. 中华人民共和国刑事诉讼法（1979 年，1996 年修正）
2. 全国人民代表大会常务委员会关于对中华人民共和国缔结或者参加的国际条约所规定的罪行行使刑事管辖权的决定（1987 年）
3. 中华人民共和国行政诉讼法（1989 年）
4. 中华人民共和国民事诉讼法（1991 年，2007 年修正）
5. 中华人民共和国仲裁法（1994 年，2009 年清理修正）
6. 中华人民共和国海事诉讼特别程序法（1999 年）
7. 中华人民共和国引渡法（2000 年）
8. 中华人民共和国劳动争议调解仲裁法（2007 年）
9. 中华人民共和国农村土地承包经营纠纷调解仲裁法（2009 年）
10. 中华人民共和国人民调解法（2010 年）

二、2010年全国人大常委会制定和修改的法律目录（16件）

1. 中华人民共和国国防动员法
2. 全国人民代表大会常务委员会关于修改《中华人民共和国著作权法》的决定
3. 全国人民代表大会关于修改《中华人民共和国全国人民代表大会和地方各级人民代表大会选举法》的决定
4. 中华人民共和国保守国家秘密法
5. 全国人民代表大会常务委员会关于修改《中华人民共和国国家赔偿法》的决定
6. 中华人民共和国石油天然气管道保护法
7. 全国人民代表大会常务委员会关于修改《中华人民共和国行政监察法》的决定
8. 全国人民代表大会常务委员会关于修改《中华人民共和国预备役军官法》的决定
9. 中华人民共和国人民调解法
10. 中华人民共和国社会保险法
11. 中华人民共和国涉外民事关系法律适用法
12. 中华人民共和国村民委员会组织法
13. 全国人民代表大会常务委员会关于修改《中华人民共和国全国人民代表大会和地方各级人民代表大会代表法》的决定
14. 中华人民共和国水土保持法

15. 全国人民代表大会常务委员会关于批准《中华人民共和国香港特别行政区基本法附件一香港特别行政区行政长官的产生办法修正案》的决定
16. 全国人民代表大会常务委员会［十一届］第十五号公告

三、2010年国务院制定和修改的行政法规目录（19件）

1. 国务院关于修改《中华人民共和国专利法实施细则》的决定
2. 气象灾害防御条例
3. 中华人民共和国审计法实施条例
4. 国务院关于修改《中华人民共和国知识产权海关保护条例》的决定
5. 消耗臭氧层物质管理条例
6. 国务院关于修改《中华人民共和国国境卫生检疫法实施细则》的决定
7. 国务院关于修改《中华人民共和国外国人入境出境管理法实施细则》的决定
8. 全国人口普查条例
9. 自然灾害救助条例
10. 中国人民解放军现役士兵服役条例
11. 中华人民共和国无线电管制规定

12. 古生物化石保护条例
13. 中华人民共和国海关事务担保条例
14. 武器装备质量管理条例
15. 城镇燃气管理条例
16. 外国企业常驻代表机构登记管理条例
17. 国务院关于修改《价格违法行为行政处罚规定》的决定
18. 国务院关于修改《工伤保险条例》的决定
19. 国务院关于修改《中华人民共和国发票管理办法》的决定

四、2010年最高人民法院、最高人民检察院发布的司法解释（21件）

1. 最高人民法院　最高人民检察院　关于办理利用互联网、移动通讯终端、声讯台制作、复制、出版、贩卖、传播淫秽电子信息刑事案件具体应用法律若干问题的解释（二）
2. 最高人民法院　最高人民检察院关于办理非法生产、销售烟草专卖品等刑事案件具体应用法律若干问题的解释
3. 最高人民法院　最高人民检察院关于对死刑判决提出上诉的被告人在上诉期满后宣判前提出撤回上诉人民法院是否准许的批复
4. 最高人民法院　最高人民检察院关于废止部分司法解释

和规范性文件的决定
5. 最高人民法院关于进一步加强合议庭职责的若干规定
6. 最高人民法院关于人民陪审员参加审判活动若干问题的规定
7. 最高人民法院关于财产刑执行问题的若干规定
8. 最高人民法院关于审理铁路运输人身损害赔偿纠纷案件适用法律若干问题的解释
9. 最高人民法院关于对被判处死刑的被告人未提出上诉、共同犯罪的部分被告人或者附带民事诉讼原告人提出上诉的案件应适用何种程序审理的批复
10. 最高人民法院关于限制被执行人高消费的若干规定
11. 最高人民法院关于审理外商投资企业纠纷案件若干问题的规定（一）
12. 最高人民法院关于审理海事赔偿责任限制相关纠纷案件的若干规定
13. 最高人民法院关于审理劳动争议案件适用法律若干问题的解释（三）
14. 最高人民法院关于审理旅游纠纷案件适用法律若干问题的规定
15. 最高人民法院关于审理伪造货币等案件具体应用法律若干问题的解释（二）
16. 最高人民法院关于审理房屋登记案件若干问题的规定
17. 最高人民法院关于对被监禁或被劳动教养的人提起的

民事诉讼如何确定案件管辖问题的批复

18. 最高人民法院关于审理非法集资刑事案件具体应用法律若干问题的解释

19. 最高人民法院关于审理涉台民商事案件法律适用问题的规定

20. 最高人民法院关于对因资不抵债无法继续办学被终止的民办学校如何组织清算问题的批复

21. 最高人民检察院关于废止部分司法解释和司法解释性文件的决定

Preface

The year of 2010 was an extraordinary year in the course of development in China. Facing the complex and variable domestic and international situations, the Communist Party of China united and led the people of all nationalities of the whole country in the common struggle and won a new and important victory in the great cause of socialism with Chinese characteristics. The year of 2010 was also a year of symbolic significance in promoting the rule of law in China. With unremitting efforts made since the founding of the People's Republic of China, and especially over the past three decades of reform and opening up, the socialist legal system with Chinese characteristics has been established. There are laws to go by in all fields of economic construction, political construction, cultural construction, social construction, ecological construction and the promotion of socialist ethics. Moreover, noticeable results have been achieved in resolving social discord, innovating social administration and enforcing laws in a fair and clean way; new progress has been made in exercising administration by law, building a government ruled by law, promoting the reform of the judicial system and the work mechanisms, and building an effective, authoritative and fair socialist judicial system. New accomplishments have been recorded in law propagation, legal education and legal research. The success and experience accumulated in the promotion of the rule of law in 2010 should further impel the implementation of the fundamental programme for the promotion of the rule of law in governing the country and accelerate the course of history in building the country under the socialist rule of law.

I. Legislation

In 2010, the National People's Congress and its Standing Committee reviewed a total of 16 laws and drafted decisions concerning legislative issues, adopted 14 laws and approved the Amendments to the Annex I and Annex II of the Basic Law of the Hong Kong Special Administrative Region and put them on file according to law. The State Council formulated 17 administrative statutes and adopted the revised drafts of two administrative statutes. The local people's congresses and their standing committees with the power to make laws formulated 737 local statutes, submitted them to the National People's Congress and the State Council for record, and completed the work of clearing up the current rules and regulations.

(I) Formulating and Revising a Number of Important Laws

——Revising the Electoral Law. The right to vote and the right to be elected are the most important political rights of citizens and the electoral system is the foundation of the people's congress system. In March of 2010, the Third Session of the Eleventh National People's Congress adopted the Decision on the Revision of the Electoral Law of the National People's Congress and the Electoral Law of Local People's Congresses of the People's Republic of China. This was the fifth revision of the Electoral Law made by the National People's Congress and its Standing Committee after the revision of 1979. The core of the latest revision was to change the late revision of 1995 that each rural deputy on the national basis, provincial basis or rural area basis should represent a proportion of the population four times that of an urban deputy by stipulating that the quota of the deputies to the national people's congress and local people's congresses should be allocated according to the principle that "each deputy should represent the same proportion of the population regardless of urban or rural areas and ensure that all regions, nationalities, and areas represented by a proper number of deputies." This revision was made, firstly, to reflect the quickened pace of the course of industrialization and urbanization in China, a marked rise in the rural economic and cultural development level, and a profound change in the social structure; secondly, to reflect the change of the proportion of the urban population in China that rose from 20.04% in 1995 to 46.6% in 2009; and thirdly, to benefit from the experience China has accumulated in promoting political democracy, rule of law and the objective conditions for the election of people's congress deputies in the urban and rural areas according to the same ratio based on the past elections over the decades. The new revision of the Electoral Law, the provision that people's congress deputies represent a broad section of people, that there be an appropriate number of grassroots deputies, and especially deputies from among workers, peasants and intellectuals, that the election committees arrange candidates to meet voters and answer their questions, and that no organization or individual interfere with the freedom of voters or deputies to exercise their right to vote have made further improvement to the election system with Chinese characteristics and provided a further guarantee that both urban and rural residents enjoy an equal right to vote. This is of great significance to promote a constant progress in the cause of human rights and ensure a coordinated development and social harmony of both urban and rural areas.

——Revising the State Compensation Law. The state compensation law system is directly related to the exercise of public power and the maintenance of legitimate rights and interest of citizens. This was the first revision of the law after it was adopted by the standing committee meeting of the 8th National People's Congress in 1944. On the basis of a wide collection of opinions from people from all walks of life, the NPC Standing Committee adopted the decision on the revision of the law in April of 2010 after four deliberations. The main changes in the revision are: 1. The channel for claiming compensation is smoothened. The original provision was that a claim for criminal compensation should be first lodged to the organ for compensatory obligations and be recognized by the organ. The revision is that if the organ for compensatory obligations refuses to make compensation, the claimant may apply to its upper - level organ for review and the claimant has the right to apply to the compensation commission of a people's court for compensation. 2. It adds a provision for emotional damage compensation that where any circumstance prescribed by law causes emotional damages to a person, the wrongdoer should eliminate the influence for the aggrieved person in tort, rehabilitate his or her reputation and make an apology; but if the consequence is serious, consolation money should be applied. 3. It improves the procedure for compensation, details the scope of compensation, defines the burden of proof and ensures payments.

——Formulating the Social Security Law. The social security system is an important pillar system for the improvement of the socialist market economic system, construction of a socialist harmonious society and the building of a well - off society in an all - round way. The social security law is an important law that plays the role of support in the socialist legal system with Chinese characteristics. The NPC Standing Committee reviewed the draft four times and adopted the Social Security Law in October of 2010. The law makes it clear that "the state establishes the social security system for basic retirement insurance, basic medical insurance, work - related injury insurance, unemployment insurance and child birth insurance to ensure that citizens have the right to receive material assistance from the state and non - governmental institutions according to law in cases of old age, illness, work - related injury, unemployment and child birth." It defines the system for the transfer and continuation of the basic retirement insurance for employment in coordinated overall planning areas for individuals. Basic retirement insurance relationship of such individuals may be transferred to the area where they now work. The term of years of payments made before the transfer may be accumulated for calculation. It stipulates that the state will establish and improve a new type of rural social retirement insurance system and rural cooperative medical service. Besides, the law also provides for a higher level pooling of the basic retirement insurance fund and the strengthening of the power of the people's congresses to exercise supervision over the revenues and expenditures of the social security funds, their administration and investment operations.

——Formulating the People's Mediation Law. The people's mediation has a historical tradition in China. At present, there are more than 800,000 people's mediation organizations with more than 4.9 million people's mediators. They play an important role in resolving civil disputes, settling social discord, and promoting harmony and stability. The NPC Standing Committee adopted the People's Mediation Law in August of 2010. The principles for mediation prescribed in the law are: 1. Voluntariness and equality. The parties concerned may choose or accept a people's mediator, may accept, refuse or terminate mediation, ask for an open or closed mediation, express his/her will for himself or herself and reach a mediation agreement on a voluntary basis. 2. Legitimacy. Mediation shall not be in violation of laws, statutes and state policies. 3. Respect for the rights of the parties concerned. Mediation shall not stop the parties concerned from maintaining their rights through arbitration, administrative or judicial means.

——Revising the Copyright Law. This was the second revision after the adoption of the law by the standing committee meeting of the 7th NPC in September of 1990. Its main changes are: 1. Article IV of the old copyright law provided that "works the publication or distribution of which is prohibited by law shall not be protected by this law". It is changed to: "A copyright owner shall not violate the Constitution and the laws nor prejudice the public interests when he exercises his copyright. The state exercises supervision and management over the publication and distribution of his work according to law." 2. The copyright pledge as an important method of using copyright is stipulated in the law. It clearly states that if a work is pledged by the copyright, the pledgor and the pledgee shall register with the copyright administrative department of the State Council for the pledge.

——Formulating the Law of the Application of Law for Foreign - related Civil Relations. As an important component part of the Civil Law, the formulation of the Law on the Application of Law to Foreign - Related Civil Relations is of important significance to resolving civil disputes related with foreigners and the protection of the rights and interests of the parties concerned. The law provides that the parties concerned may choose the applicable laws for resolving disputes concerning marriages, families, inheritance, real property right, creditor's right, and intellectual property right and but that "the mandatory provisions for foreign - related civil relations in the laws of the People's Republic of China shall be applied directly." It provides that the law of the place of the real estate shall be applied to the real property right over the real estate and that the parties concerned are permitted to choose the applicable laws upon agreement as to the property right over the movable property. If there is no such agreement, the laws of the place of the movables when they are bought and delivered may be applied. Besides, the law also provides definite provisions on the issues of application of laws to foreign - related contracts and intellectual property disputes.

In 2010, the NPC Standing Committee revised the Law of the People's Republic of China on Deputies to the National People's Congress and the Local Peoples Congresses for the purpose of giving play to the role of the deputies in a better way and the Organic Law on Villagers' Committees for the purpose of improving the system of the people's autonomy at the grassroots level. It formulated the National Defense Mobilization Law with a view to strengthening the national defense and increasing the national defense potential; revised the Reserve Officers Law for the purpose of improving the system for the mobilization of the national armed forces and strengthening the development of the reserve forces for national defense, revised the Law on Guarding State Secrets for the purpose of guarding state secrets and safeguarding the security and interests of the state; revised the Administrative Supervision Law with a view to strengthening the work of supervision and promoting the building of a clean government; and formulated the Law on the Protection of Oil and Natural Gas Pipelines in order to protect the safety of oil and natural gas pipelines and safeguard the security of energies and public security of the country. In order to further implement the principles of "one country, two systems", "Hong Kong people administering Hong Kong" and maintain a high degree of autonomy, the NPC Standing Committee approved the Amendment of the Method for the Selection of the Chief Executive of the Hong Kong Special Administrative Region to Annex I of the Hong Kong Basic Law according to law and filed the Amendment of the Method for the Formation of the Legislative Council of the Hong Kong Special Administrative Region and Its Voting Procedures to Annex II for record according to law.

(II) Formulating and Revising a Number of Administrative Statutes and Local Statutes

The State Council formulated and revised a number of administrative statutes in accordance with the Constitution and its functions and powers prescribed by law in 2010. In respect of accelerating the change of the mode of economic development, strengthening a macro control and market supervision, and promoting a long – term stable and faster development of the economy, it revised the provisions on administrative penalties for violation of law with regard to prices, measures for the control of invoices, detailed rules for the implementation of the Patent Law and the Regulations on the Customs Protection of Intellectual Property Rights and formulated the Regulations of the People's Republic of China on Guaranty for Customs Affairs and the Regulations on Administration of Registration of the Resident Offices of Foreign Enterprises in China. In respect of ensuring and improving the livelihood of people, innovating social management mechanism, and strengthening social construction, it formulated the Regulations on the Relief of Natural Disasters, the Regulations on the Administration of the Expenditure for State Compensation, and revised the Regulations on Insurance for Work – Related Injuries. In respect of improving ecological civilization, strengthening the conservation of energy resources and protecting ecological environments, it formulated the Regulations on the Administration of Ozone Depleting Substances, the Regulations on Defense against Meteorological Disasters, the Regulations on the Administration of Fuel Gas in Cities and Towns, and the Regulations on the Protection of Fossils of Ancient Extinct Life. In respect of standardizing administrative acts to promote the construction of the national defense and modernization of the army, it formulated the Regulations on National Census, the Provisions of the People's Republic of China on the Control of Radio, the Regulations on the Quality Control of Weaponry, and revised the Regulations on the implementation of the Audit Law and Regulations on the Military Service of Rank – and – File Soldiers in Active Service.

In 2010, while continuing to promote economic legislation, people's congresses of the provinces, autonomous regions and municipalities directly under the central government and their standing committees strengthened legislation in the social sphere with focus on the livelihood of people, environment and resources with an emphasis on their local characteristics. For example, the Standing Committee of the Beijing Municipal People's Congress formulated the Regulations on National Innovation Model Zone in Zhongguancun for the purpose of promoting the innovation – driven development in the capital city. In order to conserve resources and protect the environment, it formulated the Regulation on the Prevention and Control of Water Pollution and revised the Measures for the Implementation of the Energy Conservation Law. In order to standardize the acceptance and making of judicial appraisals, the Standing Committee of the Shaanxi Provincial People's Congress formulated the Regulations on the Administration of Judicial Appraisals to appropriately handle the relationship between the unified management and professional management and further improve the judicial appraisal management system in the province. For the purpose of "governing Shanxi under the rule of law", the Standing Committee of the Shanxi Provincial People's Congress formulated a number of local statutes in respect of economic and social affairs management, adopted the Decision on Strengthening the Legal Supervision of the People's Procuratorate over litigation, and revised the provincial Regulations on Letters and Visits. The Standing Committee of the Zhejiang Provincial People's Congress made efforts to promote the development of the legal system for the maintenance of social harmony and stability and formulated and revised local statutes including the Regulations on the Democratic Management of Enterprises, the Regulations on Collective Contracts, the Regulations on the Protection of Minors and the Regulations on the Prevention and Control of Family Violence.

(III) Completing the Concentrated Clearing - up of Existing Rules and Regulations

In order to safeguard the unification of the national legal system and guarantee science, harmony and unity within the socialist legal system with Chinese characteristics, the concentrated clearing up of the existing rules and regulations under the supervision and guidance of the NPC Standing Committee has been accomplished. The State Council cleared up 691 existing administrative statutes, abrogated seven administrative statutes and revised 172 articles of 107 administrative statutes. The General Office of the State Council issued the Circular on the Relevant Issues Concerning the Clearing - up of Rules and Regulations, urging the people's governments of the provinces, autonomous regions, municipalities directly under the central government and other larger cities and the departments of the State Council to make concentrated clearing up efforts of all existing and effective statutes, abrogate, void or revise any regulations that obviously no longer fulfill the requirements of the economic and social development, are inconsistent with the provisions of the higher - level laws, or that are obviously out of line with other statutes. By the end of 2010, the local people's congresses revised or abrogated 1,417 local statutes, 455 autonomy regulations and separate regulations. The concentrated clearing - up of administrative statutes, local statutes, autonomy regulations and separate regulations have played an important role in ensuring the formation of the socialist legal system with Chinese characteristics as scheduled.

(IV) Promoting Scientific Legislation and Democratic Legislation

Scientific legislation and democratic legislation are the inevitable requirement and important channels for the development of socialist democracy, expansion of citizens' orderly political participation and improvement of quality of legislation. In 2010, the NPC Standing Committee continued to maintain and improve the mechanism of public solicitation of opinions for draft laws and make publicly available over the internet to solicit opinions from the general public all draft laws that were submitted to the NPC Standing Committee for review. In the course of revising the Organic Law on Villagers' Committees, the NPC Standing Committee invited representatives of villagers to attend meetings and heard their comments and suggestions directly on the questions of common concern. After the draft of the Vehicle and Vessel Tax Law was published, the NPC Standing Committee received nearly 100,000 comments and suggestions. It made timely responses and draft revisions on the basis of the comments and suggestions. In order to hear comments and suggestions from the NPC deputies for revising the Deputies Law, the NPC Standing Committee sent copies of the draft amendment to the law to each and every deputy especially for written comments and suggestions.

The pilot work of post – legislation evaluation was a new measure the NPC Standing Committee adopted in 2010 to promote scientific legislation and democratic legislation. The NPC Standing Committee chose such laws as the Law on Progress in Science and Technology, the Law on Promotion of Agricultural Technology, the Law on Promotion of Agricultural Mechanization, and the Environmental Protection Law for analysis, argumentation and evaluation with a focus on the legal system, legal provisions, law enforcement, and degree of public satisfaction with such laws through questionnaires, field investigations and case analysis. Such practice has accumulated experience for post – legislation evaluation. That the relevant departments of the State Council made a post – legislation evaluation of the anti – doping regulations and three other administrative regulations has played an important role in the further perfection of the relevant aspects of the legal system and improvement of the quality of legislation.

In 2010, the State Council continued to promote the work of soliciting comments and suggestions for administrative statutes, published 16 draft laws, published administrative statutes on the website of the Chinese government legal information, and entrusted local governments, autonomous organizations at the grassroots level and people's organizations to solicit comments and suggestions. In order to formulate the Regulations on the Expropriation of Buildings on State – Owned Land and Compensation, the relevant departments of the State Council jointly formed working groups to make field investigations, selected more than 40 typical cities to make special survey statistics, held special meetings to hear opinions from owners of expropriated homes and relevant specialists, held 43 various forms of discussions and hearings with a participation of over 1,070 persons, and twice solicited opinions from the general public to have received a total of 103,499 comments and suggestions.

In 2010, the local people's congresses and their standing committees with legislative power continued to publish draft local statutes and hold discussions, evaluation meetings, and hearings to strengthen the coordination, guidance for legislation and the investigation and evaluation in the legislation process. They actively made post – legislation evaluations to give full play to the role of congress' deputies and members of the standing committees to promote the improvement of the quality of legislation.

II. Socialist Legal System with Chinese Characteristics

China has made tremendous achievements in its legislative work that captured world attention since the founding of the People's Republic of China, especially since the beginning of the reform and opening up. By the end of 2010, it adopted the current Constitution, formulated 236 currently effective laws, 690 administrative statutes, and more than 8,600 local statutes, autonomous regions regulations and separate regulations. A socialist legal system with Chinese characteristics characterized by its inherent scientific nature, harmony and unification has taken shape with the Constitution as its core and commanding force and laws as its main part featuring such a many subjects of laws as the Constitution, laws related to the Constitution, civil law, commercial law, administrative law, economic law, social law, criminal law and litigation and non – litigation procedure law and embracing such a multi – level legal norms as laws, administrative statutes and local statutes. This is an important milestone in the history of the construction of the Chinese socialist democratic legal system.

The reason why the socialist legal system with Chinese characteristics is composed of multi – level legal norms is that China is a country of a unitary system but with a vast territory with complex conditions. Its economic and cultural development is not balanced from region to region. It must allow the administrative statutes formulated by the State Council and the local statutes formulated by the local people's congresses and their standing committees with legislative power to help adjust the various social relations on the premise of safeguarding the unification of the national legal system while relying mainly on laws to adjust various social relations in accordance with the provisions of the Constitution that give full scope to the initiative of both the central government and the local governments.

The Constitution occupies a core and commanding position in the socialist legal system with Chinese characteristics. China's current Constitution was adopted at the Fifth Session of the 5th National People's Congress in 1982 after a comprehensive revision on the basis of the Constitution of 1954. The current Constitution, which provides for China's fundamental system and fundamental task, is the fundamental law and supreme law of the country. With the constant deepening of the reform, opening - up and the profound changes undertaking in Chinese society after 1982, the National People's Congress have made revisions of and additions to parts of the contents and articles of the existing Constitution by providing that the state allows private economy to exist and develop within the scope prescribed by law, the state practises socialist market economy, the state governs the country according to law and builds the country under the socialist rule of law, the state upholds the basic economic system with public ownership as its main body and the joint development of the economies of multiple ownerships and the system of distribution according to one's work and the co – existence of multiple modes of distribution in the primary stage of socialism, and the state respects and guarantees human rights. Such practice has kept the Constitution in line with the demand of the times.

The laws related to the Constitution form the leading legal subjects of the socialist legal system with Chinese characteristics. By 2010, China has formulated 38 laws related to the Constitution. Among them, there are the Organic Law of the National People's Congress, the Organic Law of the State Council, the Organic Law of the People's Courts, the Organic Law of the People's Procuratorate, the Organic Laws of the Local People's Congresses and People's Governments, the Rules of Procedure of the National People's Congress, the Rules of Procedure of the NPC Standing Committee, the Law on Legislation, the Law on the Supervision of the National People's Congress and the Local People's Congresses, among other things. These laws define the basic system, duties, rights and powers, modes of operation, work principles and rules of procedure for the organs of the state power, administrative organs, judicial organs and procuratorate organs. In order to uphold and improve the autonomy system for the regions inhabited by ethnic people, China formulated the Law on Ethnic Regional Autonomy. In line with the principle of "one country, two systems", China formulated, among other things, the Basic Law of the Hong Kong Special Administrative Region, the Basic Law of the Macao Special Administrative Region, the Garrison Law of the Hong Kong Special Administrative Region and the Garrison Law of the Macao Special Administrative Region to provide the legal guarantee for the successful return of Hong Kong and Macao and maintain a long – term prosperity and stability. In order to ensure citizens' democratic rights and expand democracy at the grassroots level, China formulated the Electoral Law of the National People's Congress and Local People's Congresses, the Law on Deputies to the National Peoples Congress and to the Local Peoples Congresses, the Organic Law on Villagers' Committees and the Organic Law on Residents' Committees. In respect of national sovereignty, national domain, national symbol, nationality and citizens' political rights, China, among other things, has formulated the Anti – Secession Law, the National Defense Law, the Law on China's Territorial Waters and Their Contiguous Areas, the Law on the Exclusive Economic Zone and the Continental Shelf, the National Flag Law, the National Emblem Law, the Nationality Law, the Law on Assemblies, Processions and Demonstrations, the Martial Law, and the State Compensation Law.

Civil law and commercial law are basic laws to regulate civil and commercial affairs in the society. By the end of 2010, China has formulated 33 laws in this respect. Among them, the Civil Law adjusts the property relationships and personal relationships between and among citizens and legal persons and between and among citizens and legal persons. In order to ensure the legitimate civil rights and interests of citizens and legal persons and correctly adjust civil relations, China formulated the General Principles of the Civil Law which defines the basic system for civil activities including the system of natural persons and the system of legal persons. In respect of the system of real property rights, in order to define the proprietary ownership, give play to its utility, and protect real property rights of the owner, China formulated the Property Right Law in 2007. In respect of the creditor's right system, in order to better protect the legitimate rights and interests of the contracting parties, China formulated in 1999 the uniform Contract Law on the basis of the original Economic Contract Law, the Foreign – Related Economic Contract Law and Technical Contract Law. At the same time, in order to define tort liability, prevent and sanction acts of tort, it formulated Tort Liability Law in 2009. In respect of the system of family relationships and inheritance, it formulated the Marriage Law, the Inheritance Law and the Adoption Law. In respect of protecting intellectual property rights, China formulated the Trade Mark Law, the Patent Law and the Copyright Law as early as in the 80's and 90's of the last century and made several revisions thereto to have formed a relatively complete legal system for the protection of intellectual property rights. As a special part of civil law, commercial law mainly intends to adjust commercial relations between natural persons and legal persons. China has, among other things, enacted the Company Law, the Law on Sino – Foreign Equity Joint Ventures, the Law on Foreign – Funded Enterprises, the Law on Chinese – Foreign Contractual Joint Ventures, the Law on Partnership Enterprises, the Sole Proprietorship Enterprise Law and the Bankruptcy Law as well as other laws to regulate market participation. It has also, among other things, enacted a number of laws in the financial sphere including the Commercial Bank Law, the Securities Law, the Negotiable Instruments Law, the Guaranty Law, the Insurance Law and the Trust Law. In addition, it also enacted a number of laws in civil and commercial spheres applicable to the protection of the rights and interests of consumers, tendering of bids, auction, contracted land management in rural areas, maritime commerce, and the law related to the application of law to foreign – related civil matters.

Administrative law is the law for adjusting the acts of administrative management of the state. By the end of 2010, China has enacted 77 laws in this regard. In order to standardize the establishment and implementation of administrative licenses and protect the legitimate rights and interests of citizens, legal persons and other organizations, it formulated the Administrative License Law. In order to standardize the establishment and implementation of administrative penalty and ensure and supervise the effective exercise of administration by administrative organs, it formulated the Law on Administrative Penalty. In order to prevent and correct illegal or improper specific administrative acts, it formulated the Law of Administrative Review. For the purpose of standardizing the administration of civil servants, safeguarding the legitimate rights and interests of civil servants, and strengthening supervision over civil servants, it enacted the Civil Service Law. In the spheres of culture, education, science and technology, it formulated the Regulations on Academic Degrees, the Education Law, the Teachers Law, the Compulsory Education Law, the Higher Education Law, the Vocational Education Law, the Law on the Promotion of

Privately – run Schools, the Law on the Protection of Cultural Relics, the Law on Progress in Science and Technology, and the Law on Promoting the Transformation of Scientific and Technological Achievements. In the spheres of medical science, public health and population, it enacted the Food Safety Law, the Drug Administration Law, the Law on the Prevention and Treatment of Infectious Diseases, the Frontier Health and Quarantine Law, the Law on Maternal and Infant Health Care, the Blood Donation Law, the Law on Practicing Doctors, and the Population and Family Planning Law. In the sphere of environmental protection, it formulated the Environmental Protection Law, the Law on the Protection of Marine Environment, the Law on the Prevention and Control of Water Pollution, the Law on the Prevention and Control of Air Pollution, the Law on the Prevention and Control of Environmental Pollution Caused by Solid Waste, the Law on the Prevention and Control of Environmental Pollution Caused by Noises, the Law on the Prevention and Control of Radioactive Pollution, the Environmental Impact Assessment Law, the Law on the Protection of Wildlife, and the Law on the Prevention and Control of Desertification. In the spheres of justice, national defense, state security and foreign affairs, etc. it enacted the Prison Law, the Lawyers' Law, the Military Service Law, the Regulations on Military Ranks of Officers, the Reserve Officers Law, the State Security Law, the Law on the Control of the Exit and Entry of Citizens, the Law on the Control of the Entry and Exit of Aliens, and the Law on Security Administration Penalty. China's legislation in the administrative area involves all activities of administrative management.

Economic law is the law which adjusts the social and economic relations arising from the administration of economic activities by the state. By the end of 2010, China has formulated 59 laws in this regard. For the purpose of preventing and restraining monopolistic conducts, protecting fair competition in the market, enhancing economic efficiency, and safeguarding the interests of consumers and social public interest, it enacted the Anti – Monopoly Law. In order to encourage and protect fair competition and restrain unfair competition, it formulated the Law against Competition by Inappropriate Means. For the purpose of strengthening macro – economic control to promote the healthy and sustained development of the economy, it formulated the Budget Law, the Statistics Law, the Personal Income Tax Law, the Audit Law, the Law on the People's Bank of China, and the Price Law. For the purpose of strengthening the trade management of the economy to promote the opening up to the outside world and making a rational use of and protecting natural resources, it formulated a series of laws that include the Railway Law, the Civil Aviation Law, the Law on the Regulation of and Supervision over the Banking Industry, the Foreign Trade Law, the Law on the Protection of Investment by Taiwan Compatriots, the Law on the Import and Export of Commodity Inspection, the Law on the Entry and Exist of Animals and Plant Quarantine, the Forest Law, the Grassland Law, the Fisheries Law, the Mineral Resources Law and the Land Administration Law.

Social law is the law which adjusts the labour relations and social security and protect the rights and interests of special groups. By the end of 2010, China has formulated 18 laws in this regard. Among them, there are the laws for the adjustment of labour relations, including the Labour Law and the Labour Contract Law. It has also enacted the Law on Safety of Mines, the Occupational Safety Law, the Law on the Prevention and Control of Occupational Diseases to protect the health and personal safety of the workers, and the laws that adjust social security relations including the Social Security Law, the Law on the Promotion of Employment and the Law on Donations for Public Welfare. For the purpose of ensuring the legitimate rights and interests of workers and special groups of all types, China has formulated the Trade Union Law, the Law on the Protection of the Rights and Interests of Women, the Law on the Protection of Miners, the Law on the Protection of the Rights and Interests of the People Advanced in Age, the Law on the Protection of Persons with Disabilities and the Law on the Protection of the Rights and Interests of Returned Overseas Chinese and the Family Members of Overseas Chinese

Criminal Law is a legal norm for the prescription of crimes and punishments. China formulated the Criminal Law in 1979 and revised it in 1997, thus forming a relatively complete the criminal code. In 1998, the National People's Congress adopted the decision on the punishment of the crimes of purchasing foreign exchange by deception, evading exchange control and illegally buying and selling foreign exchange, and adopted seven amendments to the criminal law in the 12 years between 1999 and 2010, thus making the law even more complete.

Litigation and non – litigation procedure laws are the laws for the regulation of social relations arising from litigation activities and non – litigation activities. By the end of 2010, China has formulated ten laws in this regard. They include such three litigation related law as the Civil Procedure Law, the Criminal Procedure Law, the Administrative Procedure Law and such non – litigation procedural related laws as the Arbitration Law, the Law on the Mediation and Arbitration of Labour Disputes and the Law on the Mediation and Arbitration of Disputes of Contracted Management of Rural Land, and the People's Mediation Law. Besides, China also enacted the Extradition Law, the Special Maritime Procedure Law and adopted the decision on the Exercise of Criminal Jurisdiction Over the Crimes Prescribed in the International Treaties which China concluded or acceded to.

The formation of the socialist legal system with Chinese characteristics is an important symbol for the gradual attainment of maturity of the socialist system with Chinese characteristics, and is therefore of important realistic significance and profound historical significance. The formation of the system has greatly enhanced the confidence of the entire Chinese people in implementing the fundamental programme for governing the country by law and accelerating the building of the country under the socialist rule of law. At the same time, it has also imposed a new and higher demand on the state organs at all levels and their staff members and the broad masses of people: We must take positive and effective measures to ensure the effective implementation of the Constitution and the laws while continuing to strengthen the work of legislation and perfect the socialist legal system with Chinese characteristics. We must make still a greater determination and make more effort to further ensure that the laws be observed, strictly enforced and violators be brought to justice, and to transform China into a country under the socialist rule of law.

III. Administration by Law

The year of 2010 witnessed new results in China's work of promoting administration by law, which aims at building a government ruled by law by implementing the Programme for the Comprehensive Promotion of Administration by Law.

(I) Convening a National Conference on Administration by Law

Since the Programme for the Comprehensive Promotion of Administration by Law was issued in March of 2004, the State Council made arrangements for the major aspects of its work concerning administration by law every year. In August of 2010, the State Council convened a national conference on administration by law to sum up the results and experience since the programme was published, analyze the new situation and new problems confronting the work of administration by law and make overall arrangements for further promoting the administration by law and strengthening the work of building a government by law. The conference was of great importance to the further implementation of the fundamental programme for governing the country by law and accelerating the building of a government by law.

(II) Issuing and Implementing the Opinions of the State Council on Strengthening the Building of Government Ruled by Law

The State Council issued the Opinions on Strengthening the

Building of Government by Law in October of 2010 that clearly defines eight tasks of increasing the consciousness and ability of the staff of the administrative organs, with the leaders in particular, to exercise administration by law, strengthening and improving the system construction, persisting in making policy decisions in a scientific and democratic way, strictly regulating a fair and civilized law enforcement, promoting the work of making all government affairs public, strengthening administrative supervision and accountability, resolving social discord and disputes according to law, and strengthening organization, leadership, supervision and inspection.

(III) Performing the Duty of Administrative Review

Administrative review is an important channel and means for resolving social discord and disputes. It plays an important part in ensuring the legitimate rights and interests of the masses and safeguarding social harmony and stability. In 2010, the Legislative Affairs Office of the State Council started the pilot work of the national administrative review committee, strengthened cooperation in administrative review among State Council departments, and strengthened the vocational training of the leaders in charge of the work of administrative review to promote the further development of the nationwide work of administrative review. In 2010, the State Council received 814 applications for administrative review, and concluded 695 applications. Among them, it registered and accepted 164 applications and made rulings on 108 applications. There were 25 cases of rulings of annulment, alterations, confirmation of violations of law or adoption of any other means of correction of violative acts or inappropriate administrative acts, amounting to 23% of the settled cases. The function of administrative review to "smoothen channels for settling cases" was exercised. In 2010, governments above the county level constantly improved their work mechanisms for administrative review, increased their ability of administrative review, enhanced the quality and efficiency of handling administrative review cases, dealt with the administrative review cases properly and timely corrected a large number of illegal or improper administrative acts.

(IV) Further Regulating Acts of Administrative Law Enforcement

Regulation of acts of administrative law enforcement is required to guarantee the performance of the function of administrative organs according to law and safeguard the vital interests of the masses. In 2010, all local governments and departments of the State Council continued to promote the relative concentration of the administrative penalty, enhanced the promotion of a system of responsibility for administrative law enforcement, made a timely adjustment to the legal basis for law enforcement so as to be in line with the formulation, revision and abrogation of laws, statutes and regulations, specified the responsibilities and powers of law enforcement, and established the system for appeals against administrative law enforcement and persons in charge of administrative law enforcement and the systems of putting major administrative punishment on file, legal examination prior to administrative penalty, administrative penalty notification, case guidance for administrative penalty, assessment and examination of administrative penalty case files, administrative penalty check up, evaluation of achievements in administrative law enforcement, appraising administrative law enforcement and investigation of responsibility for administrative law enforcement.

(V) Making Administrative Affairs Public to Enhance the Transparency of the Government

It was announced at the national work conference on administration by law convened in 2010 that it was essential to promote the disclosure of government information and persist in disclosure as its principle and non – disclosure as an exception with the focus on the disclosure of information in the spheres of budget, allocation of public resources, approval and implementation of major construction projects, and construction of public welfare undertakings. In 2010, the State Council departments and local governments continued to implement the Regulations on Government Information Disclosure, made vigorous efforts to make government affairs public, improved the work mechanism for voluntary disclosure of government information, and the mechanism for acceptance of open applications for government information, improved the compilation, renewal and addition of the open table of contents and guide to government information, strengthened the construction of the government website, improved the form of government announcements, broadened the open information channels, and improved the news briefing system. The government website has become an important channel for the disclosure of government information. The State Administration of Radio, Film and Television formulated the work plan for strengthening construction of the government ruled by law, promoted the construction of the electronic government affairs information system, established the website information and service platform, and gradually introduced online electronic examination and approval through "one window service" or "one stop service" to improve efficiency and reduce administrative cost. The national meteorological work conference on administration by law announced that meteorological departments would make their administrative affairs public and put the use of their power and administrative acts under the supervision of the general public.

(VI) Improving Administrative Supervision and Inspection Mechanism

The Administrative Supervision Law, revised by the NPC Standing Committee in June of 2010, made a major reform of the system for the establishment of sub – offices, expanded the scope of organs and persons under administrative supervision, and put personnel appointed by the people's governments and departments of the people's governments under supervision. For the purpose of strengthening supervision and administration, the State Council revised the Regulations for the Implementation of the Audit Law and extended the scope of supervision through a follow – up auditing over the use of expenditures and the scope of supervision through auditing over special expenditures, and strengthened supervision over the auditing organs themselves. The General Office of the Ministry of Land and Resources distributed the Opinions on Further Strengthening and Standardizing the Work of Reports on the Violation of Laws and Statutes over the Administration of Land Resources, urging all local governments to improve the zero reporting system and the regular reporting system, earnestly improve the special reporting system, define and implement the responsibilities, timely stop and investigate the acts of law violation, improve supervision over law enforcement and strictly implement the investigation of the performance of responsibilities.

(VII) Promoting Citizens' Participation and Democratization of Administrative Decisions

Promoting citizens' participation and democratization of making administrative decisions is an important part of administration by law. In 2010, Guangzhou City adopted the Provisions on the Procedure for Making Major Administrative Decisions, clearly providing in the form of a government statute that an administrative policy decision shall be made through the process of decision – making initiation, participation by the public, expert consultation, risk evaluation, legality examination and collective discussions for a final decision. To ensure the effectiveness of participation by the public, the regulation provides that civil servants on active duty may not be chosen as representatives for hearings.

(VIII) Filing and Reviewing Regulations

In 2010, the State Council received 161 regulations and rules from its departments, and 570 regulations and rules from local governments submitted for filing. It also received 59 written proposals from state organs, social organizations, enterprises, public institutions and citizens. The Legislative Affairs Office of the State Council strictly implemented the Legislation Law and the Regulations on the Filing of Statutes and Regulations and disposed of 31 regulatory documents that contravened the upper – level laws.

IV. Judicature, Procuratorate, Public Security and Judicial Administration

Comprehensive progress was made in the work of judicature, procuratorate, public security and judicial administration in 2010, which was carried out around the central task by grasping the overall situation, promoting the resolution of social discord, innovating social management and enforcing laws in a fair and honest way.

(I) Judicature

In 2010, courts throughout the country accepted a total of 11,712,349 cases of all types, closed and enforced 11,010,046 of them with the total monetary value amounting to RMB 1,500 billion.

——Trying civil cases according to law. People's courts at all levels tried and closed 6,112,695 first-instance civil cases with a total monetary value of RMB 913.725 billion in 2010. Of them, contract disputes accounted for 52.91%, marriage, family and inheritance disputes 23.37%, and infringement and ownership disputes 23.72%. This is to enhance the concept of judicial activism, pay attention to the judicial demand from the economic and social development, and strengthen judicial measures to cope with new situations and new problems of the economic and social development to provide judicial guarantee for an acceleration of the change of the mode of economic development. By adhering to the principle of legitimacy and voluntariness, courts first chose mediation to resolve disputes for cases that may be mediated according to law, could be mediated on the case by case basis and that could yield better results through mediation. Sixty – five point twenty nine percent of first – instance civil and commercial cases were withdrawn through mediation. Courts correctly handled the relationships between mediation and adjudication and made timely decisions on cases which it was improper to mediate or failed to be resolved through mediation.

——Trying criminal cases according to law. In 2010, people's courts at all levels tried and closed a total of 779,641 first – instance cases and sentenced 1,006,420 criminals according to law, 15.81% of them were sentenced to a fixed – term imprisonment of five years or longer, life imprisonment or death. They severely punished the crimes committed by hostile forces within and without the country of carrying out secessionist, infiltrative and subversive activities that endangered the state security, continued to carry out the special activity of cracking down on the underworld and sinister forces, severely punished the crimes of homicide, kidnapping, and robbery and other crimes of violence that gravely affected the security of the masses, and the recurring crimes of theft, robbery and fraud, and severely punished the crimes of injuring kindergarten children, primary and high school students and abducting and selling women and children. They tried and closed 265,397 cases of the above – mentioned crimes, 27,751 of which involved corruption, bribery or neglect of duty. They cracked down according to law on the crimes of producing, reproducing and distributing pornographic information through internet and cell phones and the crimes of faking invoices and money, commercial bribery, and securities and futures related crimes.

——Trying administrative cases according to law. Courts tried and closed a total of 129,806 administrative complaints and appeal cases in 2010. Of them, there were 25,016 cases involving house demolition and relocation, house registration, planning and other urban construction issues, 23,372 cases involving resources, 1,894 cases involving environmental protection, 10,732 cases involving public security and 9,387 cases involving labour and social security. They tried and closed 1,419 cases involving state compensation. They also carried out a special review of administrative appeal cases and appropriately handled a number of administrative appeal cases through case assessment and examination and correction retrial. They conscientiously implemented the State Compensation Law to promote the state compensation work in a healthy and orderly way.

——Strengthening the work of enforcement. People's courts enforced a total of 2,508,242 newly-accepted cases for enforcement in 2010, with the monetary value of the enforced cases amounting to RMB 478.193 billion. In order to consolidate the results in the concentrated clearing-up of accumulated cases for enforcement, and facilitate the establishment of a long-term mechanism for the solution of the problem of difficult enforcement, the Supreme People's Court formulated the Certain Provisions on Restricting the High Consumption of Persons Subject to Enforcement. Together with 19 departments of the Central Committee of the Communist Party of China and state organs, the Supreme Court jointly issued the Opinions on Certain Issues Concerning the Establishment and Improvement of the Joint Enforcement Mechanism to promote the construction of social integrity, thus initiating the work pattern for a comprehensive solution of the problem of difficult enforcement. They further strengthened the construction of the regulation of the enforcement work, improved the system for retrieval of information on enforcement, strengthened the internal supervisory restriction on the enforcement power and focused on the resolution of the problem of passive enforcement. They made full use of the modes of supervised enforcement, enforcement at a higher level and designated enforcement to improve the quality and efficiency of enforcement. They carried out the activities of selecting "outstanding courts with no case unenforced" and clearing up entrusted enforcement cases in a concentrated way.

——Strengthening the work of registering cases filed through petition letters and visits and the work of supervision over trials. People's courts at all levels tried and closed a total of 130,742 cases of petitions and appeals for retrials in 2010 and 26,800 cases for retrial. They strengthened the construction of the "window for registration of letters and visits" and further improved the basic functions and facilities thereof, and established or improved systems of first inquiry responsibility, promises of services, handling matters openly and receiving visitors in a civilized manner, established post responsibility system, improved the services of litigation guidance, inquiry and consulting services, and improved the facilities for receiving visitors so as to provide a good environment for litigants. They earnestly completed the concentrated clearing – up of litigation related files and did their best to settle the lawful and reasonable appeals. They received a total of 821,516 visitors in 2010, down by a comparison of 22.12% for the same period. By strengthening supervision over trials, they altered the original decisions on 11,729 cases concluded in 2010 due to mistaken decisions or other legal causes, accounting for 0.17% of the effective decisions.

(II) **Procuratorate**

——Maintaining the market economic order according to law. People's procuratorate organs approved the arrest of 37,532 persons suspected of sabotaging the socialist market economic order and prosecuted 50,775 persons in the whole year. They strengthened the work of cracking down on illegal financing, financial frauds, pyramid scheme and other grave economic crimes, and participated in the special action of cracking down on infringing on intellectual property rights and producing and selling fake and shoddy commodities. They combated bribery in business and registered 10,533 cases for investigation of crimes of bribery in business involving government officials. They strengthened efforts to address outstanding issues in construction projects and registered 8,584 cases for investigation of duty crimes in approving projects, tendering and bidding, and purchases of materials. They joined the relevant departments in addressing the issue of corruption in the field of land and resources and registered 1,248 cases for investigation of duty crimes in approving land transfers, land development and utilization and land requisition and compensation.

——Combating criminal offences of all types. The authorities concerned approved the arrest of 916,209 criminal suspects and prosecuted 1,148,409 persons in the whole year. They waged struggles against infiltration, subversion and secession and combated crimes of jeopardizing state security. They participated in the special project of improving the security and social order for schools, kindergartens and their peripheral areas and severely cracked down on the crimes of jeopardizing the lives and safety of kindergarten kids and school teachers and students. They acted against the underworld, combated the crimes of sinister gang forces, cracked down on the crimes involving guns and explosions and waged special struggles against pornography and illegal publications in an effort to deter grave criminal offences. They earnestly carried out the policy of combining severity with leniency. They decided not to arrest 64,195 suspects whom it was not necessary to arrest and not to prosecute 29,898 persons whose offences were minor or whom it was not necessary to be sentenced to punishment according to the criminal law or who were exempted from punishment. They promoted the construction of mechanisms for criminal conciliation and link - up between mediation and procuratorate and actively encouraged parties concerned to reach conciliation for civil and minor criminal cases.

——Investigating and preventing duty crimes. The authorities concerned registered 32,909 cases and 44,085 persons for investigation of duty crimes in the whole year. Among them, there were 18, 224 major corruption and bribery cases and 2,723 persons (including 188 chiefs of bureaus or departments and six persons at the ministerial or provincial level posts). They improved the system for retrieval of bribery criminal records and strengthened the investigation of bribery crimes, and registered 3,969 criminal suspects. They improved the mechanism for pursuit of escapees and recovery of booty at home and abroad, captured 1,282 escaping duty criminal suspect, and recovered illegal money and booty worth of RMB 7.4 billion. They strengthened the procuratorate work with regard to neglect of duty and infringement of rights and registered 7,349 cases and 10,227 persons for investigation of their crimes of neglect of duty and infringement. Together with the relevant departments, they established work mechanisms for the linkage of administrative law enforcement and criminal justice in an effort to tackle difficulties in discovering, registering, investigating and dealing with crimes of neglect of duty and infringement of rights. They attached a greater importance to the prevention of duty crimes, strengthened crime analysis and policy research in the course of handling cases, made 55,628 suggestions in this regard to the relevant organizations and departments, and provided warning education to 9.64 million staff members. They established the system of annual report on the prevention of duty crimes and studied the possible occurrence of duty crimes and preventive measures.

——Strengthening legal supervision over litigations. The authorities concerned strengthened supervision over case registration, urged public security organs to register 31,203 cases which should have not been registered, and quashed 10,702 cases which should have been registered. They strengthened supervision over investigation and made 33,836 suggestions for the correction of violations in investigative activities. They strengthened supervision over criminal trials and supported the people's courts to make reforms in regulating sentencing to promote the openness and fairness of sentencing. They strengthened supervision over decisions on duty crime cases, established the mechanism for synchronous examinations of the first-instance decisions by procuratorates at two levels, and raised petition of defense against 5,425 known mistaken criminal decisions. They carried out a special project of uncovering hidden troubles in prisons throughout the country to promote the safety supervision and control and investigated the criminal responsibilities of 87 criminals in custody who gravely undermined the prison order. They strengthened supervision over the enforcement of altered sentences and corrected commutations, releases on parole and improper temporary enforcement outside prisons for 10,813 persons. They carried out special procuratorate activities of release on bail for medical treatment and made corrections for 555 persons who did not comply with the conditions and procedure for release on bail for medical treatment or escaped from control. They strengthened supervision over civil trials and administrative litigations and raised petition of defense against 12,139 known mistaken civil and administrative decisions. They strengthened supervision on the neglect of duty on the part of judicial officials and dealt with 2,721 persons suspected of committing crimes.

——Strengthening the training and education of procuratorate personnel and the internal supervisory restraint. The authorities concerned carried out practical activities of "observing procuratorate ethics to promote a fair and clean law enforcement" and formulated rules for the implementation of the professional code of conduct for procurators and polite phrases and words to be used by procuratorate organs members to develop the procuratorate professional ethics of faithfulness, fairness, integrity and civility. They promoted staff training with the focus on the leading cadres and on - the - job procurators and trained a total of 119,000 procuratorate officials. They issued the basic norms for law enforcement of procuratorate organs for the first time, established the case guidance system and the mechanism for case assessment and examination, and improved the system of supervision on procuratorate affairs. They also carried out the special activity of combating the privilege mentality and domineering attitude, investigated and dealt with 267 law and discipline breaches.

(III) Judicial Interpretations

The Supreme People's Court and the Supreme People's Procuratorate jointly issued four judicial interpretations in 2010. The Supreme People's Court issued 16 interpretations including five criminal law interpretations, six civil law interpretations, one administrative law interpretation, and four other judicial interpretations. The Supreme People's Procuratorate issued one judicial interpretation. They played a positive role in the correct implementation of laws.

(IV) **Public Security**

——Severely cracking down on the criminal law violation. Public security organs organized a series of special projects of combating the underworld, investigating and dealing with homicides, controlling violence with guns, and cracking down on the crimes of abducting and women and children, telecom frauds, internet pornography, producing and selling fake money, invoices and bank credit cards, manipulation of football matches through bribery, infringing on intellectual property rights, and producing and selling shoddy commodities. They concluded a large number of major and pernicious cases after investigation. They made special efforts to improve the order in the urban – rural adjacent areas, villages in cities, medium and small inns and rented houses and places where evils of pornography, gambling and drug abuse were apt to occur and rectified a large number of security problems and security problem places. They improved the order in the peripheral areas of the schools and checked on the cases of injuring kindergarten kids and school children. They strengthened the construction of the prevention and control system for the improvement of social order and increased their ability to exercise control over the social order in the dynamic social surroundings.

——Successfully fulfilling the major security assignments for the

World Expo 2010 in Shanghai and the Asian Games in Guangzhou. The authorities concerned implemented the special projects of protecting the World Expo and Asian Games by taking special measures with the joint efforts of police, armed police and civilian masses to ensure security in the peripheral areas around the two cities and the successful organization of the World Expo and Asian Games.

——Going all out to cope with the emergencies of helping victims of earthquakes. After the occurrence of the strong earthquake in Yushu, Qinghai Province and the extremely large mountain torrents with subsequent mud - rock flow in Quzhou, Gansu Province, and serious floods in other places, public security organs quickly started the emergency rescue mechanism and urgently dispatched special police force units, firefighting police and frontier medical aid brigades to the affected areas to provide emergency rescue and maintain security and order, thus safeguarding the safety of the lives and property of the local people and maintaining social stability in the disaster - affected areas. The firefighting units of the public security force in particular gave full play to their backbone role in coping with the emergency. By the end of November of 2010, 5.505 million fire and emergency officers and soldiers were sent to participate in the rescue, and they helped 151,000 victims out of danger to have saved or protected property amounting to RMB 41.3 billion.

——Improving law enforcement system, strengthening law enforcement administration, and intensifying law enforcement training. The Ministry of Public Security formulated the people's police examination norms and the operating regulations for law enforcement in stopping law – breaking crimes on the spot. It strengthened the construction of the information system for law enforcement and established the on – line law enforcement supervision system to exercise dynamic and real – time supervision over the law enforcement activities. It organized special efforts to solve the problem of unnatural death of persons involved in cases in the course of law enforcement and the problem of law violations by police cars and cars involved in cases and make an extensive inspection of safety problems in detention houses. The public security organs made vigorous efforts to solve the outstanding problems of law enforcement.

——Promoting innovations of social management by means of information technology. Public organs organized civil police units to concentrate efforts in discovering and resolving discord, disputes and destabilizing factors. They made use of information technology to promote innovation in social administration. They strengthened and improved administration on the actual population, addressed the problem of improving the social order and security in the frontier regions and improved the service of law enforcement for exits and entries to maintain a good order at the exit and entry points. They improved the work of discovering hidden fire dangers, carried out a special project of inspecting firefighting facilities in buildings and a One – Hundred – Day Special Action of Safety to restrain the tendency of repeated occurrence of extremely large fires. They introduced a civilized traffic action plan to exercise a scientific emergent traffic control.

(V) Judicial Administration

——Prison, labour education and drug rehabilitation. The authorities concerned strengthened the construction of prison supervision and control safety facilities. No major and important production safety accidents or major epidemic diseases occurred in prisons in 2010. They fulfilled the task of eliminating illiteracy among 44,000 criminals and conferring vocational skill certificates upon 215,000 criminals. Ninety three percent of the offenders have been reformed. They issued the new Norms for Construction of Prisons and adjusted the prison layout. They carried out an information project and invested RMB 850 million in the introduction of information technology. All 454 prisons have network coverage. They introduced psychological tests and psychological health education for criminals. The number of inmates with difficulties of correction that became to observe laws and rules reached 93%. Noticeable results were obtained in drug rehabilitation. By the end of 2010, eighteen of the provinces and autonomous regions established drug rehabilitation bureaus, built 245 drug rehabilitation houses for compulsory isolation, and had 139,121 persons under compulsory rehabilitation in isolation.

——Legal service and legal assistance. China formulated the Opinions on Further Strengthening and Improving Lawyers' Work. The task of reforming and improving the lawyers' system was basically completed. By the end of 2010, China had 17,209 law firms and 200,287 lawyers. It made constant efforts to increase financial support for legal assistance. Both the central government and local governments set up special funds for legal assistance. The central subsidy for local legal assistance amounted to RMB 100 million. The central special welfare lottery fund for legal assistance came to be RMB 50 million. The total national expenditure for legal assistance was RMB 1.012 billion, up by 33.7% as compared with that of the previous year. In 2010, the legal assistance institutions in China organized and handled a total of 727,401 legal assistance cases, up by 13.4%. It prescribed the criteria for citizens' economic difficulties, supplementary scope of legal assistance matters and subsidy norms for handling legal assistance cases, lowered the threshold for legal assistance and expanded the coverage of legal assistance.

——People's mediation, settlement, help, education and community correction. In 2010, the people's mediation organizations helped to resolve a total of 8,418,393 occurrences of discord and disputes of all kinds, with the rate of successful mediation reaching 96.9%. They provided settlements for more than 400,000 persons released after serving their sentences or from labour – education. Community correction was carried out in 258 prefectures and cities, 1,998 counties (cities and districts) and 23,430 townships to cover 57% of the township (neighborhood) communities. About 577,000 sentenced persons accepted community correction and more than 307,000 sentenced persons were released from community correction.

——National judicial examination and judicial appraisal. The national judicial examination received 395,000 applicants and 345,000 persons sat in the examination. It deepened the reform of the judicial appraisal system and mechanism and selected ten national judicial appraisal institutions and announced the results of such selection to the public.

V. Reform of the Judicial System and Work Mechanism

China continued to adopt a number of reform measures and achieve noticeable results in the reform of the judicial system and work mechanisms in 2010 in terms of optimizing the allocation of judicial positions and powers, implementing the criminal sanction policy of combining severity with leniency, intensifying the training of judicial personnel and ensuring the expenditures for judicial work.

(I) Introducing the Reform of Sentencing Regulation

In order to implement the criminal sanction policy of combining severity with leniency and maintain justice, the Supreme People's Court started the reform of sentencing standardization in courts at all levels throughout the country as of October 1, 2010. The Guiding Opinions on Sentencing in the People's Courts (interim) defines the principle of sentencing, the basic method of sentencing, the application of the circumstances of sentencing and sentencing for intentional injury, theft and 13 other common crimes and authorizes all high courts to formulate their detailed rules for its implementation on the basis of the Guiding Opinions. The Opinions on Certain Questions Concerning the Standardization of the Sentencing Procedure provides that the procuratorate organs may raise suggestions for sentencing on cases of public procuratorate, including the type of criminal punishment, scope of sentencing, mode of enforcement, reasons and proof thereof. At the same time, sentencing is included in the procedure of the court trial. Parties concerned, defenders, and law agents all may forward their suggestions for sentencing and offer explanations of reasons thereof. The reform of regulation of penalty measurement further standardized the discretion for criminal punishment and increased the openness of sentencing. After regulation of sentencing was reformed in all courts in 2010, the rate of appeal, the rate of petition of defense, and the rate of remand for retrial for criminal cases all dropped, while the rate of confessions in court, the rate of restitution or return of stolen goods, the rate of decision announcement in court and the rate of the exercise of the waiver of the right of appeal rose.

(II) Strengthening Supervisory Functions of Procuratorate Organs

The Supreme People's Court and the Supreme People's Procuratorate jointly issued the Provisions on the Issues Concerning Registration and Supervision for Criminal Cases (interim) and the Provisions on Interrogating Criminal Suspects in the Period of Examination and Arrest in 2010. It is stipulated that public security organs and people's procuratorates shall establish a system for the notification of information on criminal cases, the notification to each other of the occurrence of crimes, information on reporting, registration and conclusion of criminal cases, supervision over registration and establish mechanisms of supervision over investigations, approval of arrests regularly. Major criminal cases shall be notified as soon as they occur. If conditions permit, platforms for the sharing of information on criminal cases to strengthen supervision over the registration of criminal cases by procuratorate organs need to be established and the correct use of the power of investigation for criminal cases need to be ensured. It is required that procuratorate organs shall interrogate criminal suspects, listen to their defense and opinions of the entrusted lawyers when necessary and public security organs shall cooperate. When interrogating a minor criminal suspect, the public security organ shall notify his guardian to be present. Legal supervision over detention houses by people's procuratorates shall be strengthened. The scope of supervision, mode of supervision, procedure of supervision, responsibility for supervision over detention houses are defined. The system for assigning procurators and detainees who are to make appointments with procurators is established and improved. In July of 2010, the Supreme People's Procuratorate, the Supreme People's Court, the Ministry of Public Security, together with the Ministry of State Security and the Ministry of Justice, jointly issued the Certain Provisions on Strengthening Legal Supervision over Judicial Personnel's Dereliction of Duty in Litigation Activities (Trial Implementation) that clearly stipulates the duty of the procuratorate organs in exercising legal supervision over judicial personnel's dereliction of duty, their responsibility, delineation of powers, and methods and post – investigation disposal. Procuratorate organs may exercise legal supervision over judicial personnel's dereliction of duty by inspecting files and archives, investigating and verifying facts of violations, putting forward suggestions for correction or substituting the person in charge of handling the case, and registering for investigation of the duty crime.

(III) Promoting People's Jury and Prioritizing Mediation in Resolving Social Discord

The people's jury system was further improved in 2010. The Supreme People's Court issued the Certain Opinions on Further Strengthening and Promoting the Work of People's Jury, which defines the specific requirements for implementing the Decision of the NPC Standing Committee on the Improvement of the People's Jury System adopted in 2004, standardizing the administration of people's jurors, and further strengthening and promoting the work of people's jury. It defines the number of jurors selected by people's courts of trial. It provides that where a defendant in a first - instance criminal case, a plaintiff or defendant in a civil case, or a plaintiff in an administrative case applies for the participation of people's jurors in a joint deliberation panel in the trial, the people's court shall make the arrangement for a joint deliberation panel composed of people's juror and judges for the trial. In the same year, the Supreme People's Court also issued the Certain Provisions on Giving Priority to Mediation and Combining Mediation with Decision, which provides for improving the mediation work system, establishing key links of mediation, standardizing mediation activities, innovating mediation mechanism and promoting the establishment of the network system for "grand mediation".

(IV) Noticeable Achievements in the Reform of Enforcement

The new round of reform of the judicial system and work mechanisms requires the improvement and standardization of the system for enforcement under the unified administration of people's courts and the establishment of the operational mechanism of the power of enforcement characterized by the separation of the power of adjudication and that of enforcement. Strict standardization of the enforcement procedure and the act of enforcement, an increase in the efficiency and effect of enforcement, and a realistic resolution of the problem of "enforcement difficulty" are called for. After issuing the Certain Opinions on Strengthening and Standardizing the Enforcement Work in July of 2009, the Supreme People's Court issued the Certain Provisions on the Question of the Enforcement of the Property Penalty in February of 2010, which prescribes the subject and procedure for the enforcement of property penalty, solved a number of long – standing problems in the enforcement of property penalty, and improved the system of enforcement of property penalty. In July, 2010, the Supreme People's Court issued the Certain Provisions on Restricting the High Consumption Rate of Persons Subject to Enforcement. Restricting the high consumption of persons subject to enforcement avoids any ill – intentioned evasions of creditors, may force them to fulfill their obligations on their own and protects the legitimate rights and interests of the applicants for enforcement. Also in July of 2010, the Supreme People's

Court and 19 other departments jointly signed the "Opinions on Certain Issues Concerning the Establishment and Improvement of the Joint Enforcement Mechanism to actively promote the formation of the new pattern for the enforcement work with the Party Committee as the leadership, under the supervision of the people's congress, supported by the government, coordinated by the Committee of Political and Legislative Affairs, and carried out in people's courts and with the cooperation of people from all walks of life.

(V) Improving the Social Supervision Mechanism

In 2010, public security organs made vigorous efforts to promote the establishment of the law enforcement mechanism for a quick retrieval of real name information through cooperation. Social supervision mechanism for criminal registration to achieve information sharing among supervisory organs was established and improved. Transparency of the information on the occurrence, registration and conclusion of criminal cases was enhanced. The reform of the judicial appraisal system was further deepened. The first group of national judicial appraisal institutions was announced to the public and the problem of repeated appraisal and multiple appraisals was further alleviated. People's jury system was introduced in an all-round way, the system for the openness of justice was further improved, the coordination work system for judicial interpretation was established, democratic supervision over the judicial work was noticeably strengthened, and supervision through media coverage of cases was further standardized.

VI. Legal Supervision of Standing Committee of National People's Congress

In 2010, the NPC Standing Committee continued to strengthen the work of legal supervision with a view to maintaining the unification of the national legal system, ensuring the correct implementation of the Constitution and the laws, ensuring the correct use of the administrative power, the judicial power and the procuratorate power and ensuring that the legitimate rights and interests of citizens, legal persons and other organizations be earnestly safeguarded.

(I) Inspecting the Implementation of Laws

In accordance with the Supervision Law, it is an important duty of the NPC Standing Committee to inspect and supervise the implementation of laws. The NPC Standing Committee inspected the implementation of seven laws, namely, the Food Safety Law, the Law on the Protection of Investment by Taiwan Compatriots, the Law on the Protection of the Rights and Interests of Women, the Law on Progress in Science and Technology, the Law on the Promotion of Clean Production, the Law on the Promotion of Agricultural Technology, and the Energy Conservation Law.

When inspecting the implementation of the Food Safety Law, the inspection team of the NPC Standing Committee asked the State Council to further improve the mechanism for supervision and control over food safety, spare no time in issuing statutes and rules concerning supervision over dietary supplements, food production licenses and food additives, establish and improve the uniform food safety standard system and protect the consumers' right to know and choose the GM Food. The State Council studied these opinions, implemented the measures, and submitted its report to the NPC Standing Committee on its study and the measures at the end of last July.

When inspecting the implementation of the Law on the Protection of the Investment by Taiwan Compatriots, the NPC inspection team acknowledged that it was essential to improve the knowledge of the importance of protecting the rights and interests of Taiwan compatriots, improve the system for the work of safeguarding the rights and interests of Taiwan compatriots, improve the supplementary statutes and measures, investigate and deal with the cases of infringing on the rights and interests of Taiwan compatriots in investment, resolutely protect the legitimate rights and interests of the workers in Taiwan – funded enterprises, and make efforts to help Taiwan compatriots out of their actual difficulties in the medical service, social security and children's education. In view of these opinions, the State Council decided to spare no time in making provisions and policy documents related to the protection of the rights and interests of Taiwan compatriots in investment, properly disposing of the law – violation and litigation cases related to Taiwan compatriots, making positive efforts to implement the ECFA of the Strait and responding regarding the information on these measures to the NPC Standing Committee.

When inspecting the Law on Progress in Science and Technology, the NPC Standing Committee inspection team was of the opinion that barriers for the combination of production, study and research still existed. On the one hand, it is difficult for enterprises to become subjects of innovation, and on the other, it is difficult for the accomplishments of research institutes to be transformed into actual productive forces. It is necessary to strengthen the construction of a technological innovation system combining production, study and research. On the basis of their opinions, the relevant departments of the State Council decided to promote the establishment of 20 industrial technology innovation strategic alliances in the fields of scientific instruments, integrated circuits, remote sensing and multi – purpose utilization of resources. The relevant departments also established a number of R&D and industrialization bases.

(II) Exercising Supervision over Economic Operation and Implementation of the Budget

In 2010, the NPC Standing Committee heard reports from the State Council regarding the transfer of rural labour forces, the protection of the rights and interests of farmer – turned workers, the development of cultural industries, the implementation of the central budget for 2009, the auditing of other revenues and expenditures, the implementation of the central budget for January till July of 2010, food safety, the promotion of the development of medium – sized and small enterprises, the promotion of employment and reemployment, and the report from the Supreme People's Court on the work of civil trials as well as the report from the Supreme People's Procuratorate on the improvement of supervision on dereliction of duty and infringement of rights.

In reviewing the State Council report on the implementation of the central budget from January till July of 2010, the NPC Standing Committee focused its review on the implementation of the budget resolution adopted by the National People's Congress, on the main aspects of the central and local revenues and expenditures, on the implementation of the fiscal policy and the relevant measures taken for revenues and taxes, on the availability and use of funds for major expenditures on agriculture, education, science and technology, culture, medical service and social security, on the transfer payment from the central revenue to local governments, and on the issuing of national debt. In reviewing reports on the implementation of the plan, budget, central final accounts and auditing, the NPC Standing Committee members acknowledged that confronted with the complex and variable international economic environments and recurring rare natural disasters, through the joint efforts of the whole country, the Chinese national economy maintained a stable and relatively fast growth, that the general price level was stable, that the growth rate of the monetary credit fell gradually, that people's livelihood was further improved, and that the implementation of both the central and local budgets was satisfactory. At the same time, they also acknowledged that it would be essential to accelerate the change of the mode of economic development, maintain well – balanced relationships between a stable and relatively fast economic growth and the adjustment of the economic structure and management of the inflation expectation, strive to improve the quality and results of the economic growth, focus on safeguarding and improving people's livelihood, and make all – out efforts in fighting against disasters providing relief to the disaster – affected areas, victims and post – disaster reconstruction. To control general expenditures, ensure key expenditures, enhance clearing – up and verification undertakings, properly handle the local governmental debt and financing platform companies and prevent and eliminate financial risks are required. To deepen the reform of the financial and taxation system and establish and improve the financial system under which the financial power and the expenditure responsibilities are matched are called for. In accordance with the comments made by the NPC Standing Committee on the auditing report and the requirements of the State Council, the State Audit Administration put forward a number of correction measures for the gradual improvement of the public financial system, standardization of the budget control and improvement of the efficiency of the use of fiscal funds and correction measures to strengthen the auditing supervision over major investment projects, engaged in efforts guarding against fiscal risks and protecting the livelihood of people, and submitted a written report to the NPC Standing Committee on the implementation of the corrections in November of 2010.

To make the budget public is the inevitable requirement of building a country ruled by law. The Third Session of the 11th National People's Congress demanded that the budget be made public within 15 days as of its approval. The State Council earnestly implemented the resolution adopted by the People's Congress, extended the scope of making the budget public and elaborated on the details of the contents to be made public. The central budgetary table made public by the Ministry of Finance increased from four in 2009 to 12 in 2010. The central level expenditure and budgetary table and central to local tax refund and transfer payment budgetary table were made into sections. Among them, the central budgetary table was made to include 23 categories and 123 sections, which were two categories and 82 sections more than that of 2009. Making public budgets of departments was promoted. By the end of August of 2010, 73 central departments made public the general table for revenue and expenditure budget and the budget table for fiscal allocation. The Standing Committee of the People's Congress of Guangdong Province and Beijing Municipality also urged the governments at the same level to extend and make publicly available the scope of the department budgets that were to be submitted to the people's congresses, thus gaining new progress in the budgetary openness.

(III) Improving the Mode of Supervision

——Introducing Special Inquiries. In 2010, in accordance with the provisions of the Supervision Law and other relevant laws, the NPC Standing Committee organized three special inquiry sessions on the issues of public interest in conjunction with its review of the reports on the implementation of central final accounts, state food safety, and the reform of drug and medical service. They were broadcast live through television and networks and received a good response from the general public. Leaders of the relevant departments of the State Council were present to listen to the opinions and answer the inquiries, who urged the departments concerned to improve their work and enhance the forms of supervision by people's congresses.

——Promoting the follow-up supervision. On the basis of the special studies of the part of major public investment projects made in 2009, the NPC Standing Committee made follow-up investigations of the implementation of the public investment plans of the central government in 2010. It asked the State Council to reasonably combine its subsequent arrangements for the government's public investment projects with the preparation of the outline of the Twelfth Five-Year Plan after the investigation and made efforts to deepen the reform of the investment system and the financial system to push forward the change of the mode of economic development and the adjustment of the economic structure. The report from the Supreme People's Procuratorate on the improvement of supervision over dereliction of duty and infringement of rights heard and reviewed by the NPC Standing Committee in 2010 was the feedback report on the disposal of the comments and suggestions made by the NPC Standing Committee concerning the special report on strengthening the work of supervision over dereliction of duty and infringement of rights in 2009. Members of the NPC Standing Committee stressed in their review that the people's procuratorates at all levels should further train their personnel and enhance their professional capacity, make constant improvements to the mechanism for the procuratorate to better serve the judicial demand of the people and earnestly safeguard social fairness and justice.

(IV) Filing and Reviewing Regulatory Documents

The NPC Standing Committee received a total of 1,743 administrative statutes, local statutes and judicial interpretations submitted for filing in 2010. In accordance with the provisions of the Supervision Law and the Legislation Law, the work organs of the NPC Standing Committee continued to do a good job of filing and reviewing, conscientiously studied and handled the suggestions received from citizens, social organizations, enterprises and public institutions, and reviewed certain key documents selected on their own initiative. They urged and guided the departments concerned to do a good job of clearing up administrative and local statutes, gave priority to the review and study of newly-enacted statutes, reviewed the newly-enacted judicial interpretations of the Supreme People's Court and the Supreme People's Procuratorates one by one, and asked them to make a concentrated clearing-up work of judicial interpretations formulated before 2005.

VII. Legal Protection of Human Rights

China's cause of human rights protection continued to develop in 2010. Last July, the Chinese government submitted to the United Nations its second report on China's performance of the International Covenant on Economic, Social and Cultural Rights, which gave a comprehensive description of the achievements China made in promoting and protecting the economic, social and cultural rights, and answered the questions raised by the relevant UN organ in reviewing China's first convention performance report. To submit the report is an important measure China took to perform the obligation of the International Human Rights Law. It reflected a positive attitude the Chinese government adopts towards the promotion and protection of human rights and the initiation of international cooperation in human rights. To guarantee of human dignity is an important concept in building the government of China ruled by law in 2010. The State Council issued the Opinions on Strengthening the Building of the Government ruled by law last October, clearly calling on the government departments to enhance their consciousness of human rights and not to "trespass on the human dignity of persons subject to the law enforcement".

(I) Safeguarding the Right of Existence and the Right of Development

——Regulating and controlling housing prices to protect the right to housing. The right to housing is an important part of the right to a proper living standard. The relevant departments of the central government strengthened and improved the regulation and control of the real estate market by using the land, financial and taxation measures in 2010. They examined and investigated the responsibility of the provincial governments for stabilizing housing prices and providing housing guaranty. They strengthened supervision and control over the market and checked the excessive growth of housing prices in certain cities. They pushed forward the housing projects for low – income urban residents and public rental housing and promoted the construction of low – rent housing and the transformation of slum areas.

——Reforming the system of collective consultation for workers' wage and the distribution system. The system of collective consultation for workers' wage and the distribution system form important parts of the right to work and the guarantee for the livelihood of people. In 2010, 13 provinces, autonomous regions and municipalities directly under the central government carried out the work of collective consultation for wages, 23 provinces, autonomous regions and municipalities formulated "collective contract provisions" or "collective contract regulations", and ten provinces implemented the new minimum wage, with the highest paying portion of the monthly minimum wage standard rising by an average of around 17%.

——Protecting farmland and the rights and interests of farmers. An executive meeting of the State Council held in November of 2010 stressed that priority should be given to the protection of the legitimate rights and interests of the farmers in the consolidation and administration of rural land and that the will of the farmers be fully respected. The consolidation and administration of land involving the destruction or annexation of villages shall be decided by rural collective economic organizations and rural households on their own. Forced demolition and forced construction shall not be allowed.

——Strengthening supervision over production safety by taking a humanitarian approach. In July of 2010, the State Council issued the Circular on Further Strengthening Production Safety in Enterprises. It defines a number of systems to ensure production safety and the responsibility of the leadership for the management of the production process. For example, the principal responsible persons of enterprises and members of the leadership must be on duty at production sites on rotation; coal mines and other mines must have leaders working on the shift going into and coming out of the pits together with the miners at the same time. In December of 2010, the State Council revised the Regulations on Work – Related Injury Insurance, defining the scope of confirmed work – related injuries and increasing the standards for compensation.

——Post – Disaster reconstruction and natural disasters relief. The State Council issued the Opinions on Policy Measures to Support the Post – Earthquake Rehabilitation and Reconstruction in Yushu in May of 2010 that points out that the main tasks of rehabilitation and reconstruction should be completed in the main part in three years for the basic production and living conditions and economic and social development in the disaster – affected area to be restored in all aspects and to exceed the pre – disaster level. The Regulations on Natural Disasters Relief took effect in September of 2010. It provides that people's governments at and above the county level shall formulate emergency plans for natural disasters relief for their respective regions. The work of natural disasters relief should observe the principles of giving priority to man, placing the government in the leadership position, exercising administration level by level, encouraging social mutual assistance, and helping victims restore production and make a living on their own. It also provides for the preparations for relief, emergency relief, post – disaster relief, administration of money and materials for relief and legal responsibilities.

——Strengthening Supervision over food safety to protect public health. The Ministry of Public Health issued the Administrative Measures on National Food Safety Standards in October of 2010. It provides for the planning, drafting, examination, promulgation and revision of the national food safety standards in details. Last November, the ministry and other departments jointly issued the Administrative Measures on the Announcement of Food Safety Information. It provides that food safety information should be accurate, timely and objective to protect the legitimate rights and interests of consumers and food producers and traders. The General Office of the State Council also issued Opinions on the Administration of Swill Cooked Oil and Kitchen Waste. It demanded that a system of responsibility by city mayor or county magistrate be established and a special department be designated to exercise supervision and control to effectively solve the problem of swill cooked oil flowing back to dining tables and protect food safety and people's health in real earnest.

(II) Standardizing the Expropriation of Houses for Relocation and Compensation

In light of the frequent occurrence of incidents of infringing on the personal right and property right of citizens in the expropriation of houses for relocation, the Legislative Affairs Office of the State Council twice solicited opinions from the general public for the Regulations on the Expropriation of Buildings on State – Owned Land for Relocation and Compensation (draft). It provides that expropriation of houses shall comply with the needs of public interests and plans for construction of housing projects for low – income urban residents and reconstruction of old urban districts be reviewed and adopted by people's congresses. It defines the scope of expropriation, expands the scope of compensation, and adopts the principle of making compensation on the basis of market prices. It strengthens supervision and control over demolition and relocation, prohibits demolition and relocation by administrative force, by violence or by inhuman acts of stopping the supply of electricity and drinking water.

(III) Promoting the Reform of Medical Service to Protect the Right to Health

China continued to push forward the reform of medical service in

2010. The national budgeted expenditure for medical service and public health amounted to RMB 443.9 billion, which included RMB 138.9 billion from the central budget expenditure, mainly for basic medical treatment and care, construction of the medical service system and the balance of the public health service. The central government allocated RMB 50.9 billion to solve the historical medical insurance problem for more than six million retirees of bankrupt state – owned enterprises by providing them with medical insurance, solve the problem of participation in medical insurance for more than two million retirees of bankrupt enterprises and enterprises with difficulties by pooling funds through overall planning, and include 45.73 million farmer – turned workers within the scope of medical insurance for urban workers and staff members. The number of urban workers and residents participating in medical insurance rose to 424 million while the number of rural people covered by the new rural cooperative medical service rose to 835 million.

(IV) Promoting fair education to ensure the equal right to education

In July of 2010, the Ministry of Education promulgated the Outline of the Programme for Educational Reform and Development. It planned to promote fair education as the focus of the national basic education policy and the reform and development of education. The Outline indicates that fair education is an important basis for social justice, the key to fair education is a fair opportunity. The basic requirement is to ensure the right of the citizens to education. The focus is to promote a balanced development of compulsory education and assist the groups with difficulties. The fundamental measures are to allocate the educational resources, tilt the allocation to the rural areas, poverty – stricken areas and areas inhabited by ethnic people, and accelerate to narrow the differences in education. The main responsibility for fair education lies with the government and the whole society should promote fair education.

(V) Combating Discrimination and Protecting Privacy

The Ministry of Human Resources and Social Security, the Ministry of Public Health and the Ministry of Education jointly issued the Circular on the Cancellation of the Examination of Hepatitis B in the Physical Examination for Admission to Schools and Employment. Where the examination is really needed for a certain occupation, a study report and written application should be submitted to the Ministry of Public Health and be subject to examination and approval by the Ministry of Public Health. The Circular abrogates all previous policies and norms issued by the relevant departments of the State Council and the local governments and lists in details penalties for illegal examination.

(VI) Protecting Human Rights in Criminal Justice

The NPC Standing Committee reviewed the draft of Amendment 8 to the Criminal Law twice in 2010. The amendment cancels 13 death sentences for economic non – violence crimes, accounting for 19.1%

of the total number of death sentences. It provides strict norms for the commutation and release on parole for criminals with death sentence with reprieve and life imprisonment. It provides that death sentence shall not be applied to a person at the full age of 75 years at the time of trial unless unusually cruel means were applied in causing the death of another. The Supreme People's Court and the Supreme People's Procuratorate jointly issued the Provisions on Certain Issues Concerning the Examination and Judgment of Evidence in Death Sentence Cases and the Provisions on Several Issues Concerning the Exclusion of Illegal Evidence in Criminal Cases. The provisions provide for the specific and detailed norms for the obtainment, confirmation, comprehensive examination and use of evidence for criminal cases and clearly define the evidence that cannot be used as the basis for decisions. They stipulate that witnesses and testimony obtained by illegal means of violence or threat cannot be used as the basis for decisions and statements obtained from defendants by illegal means of extorting confessions by torture cannot be used as the basis for decisions.

VIII. Protecting Intellectual Property Rights

Chinese government continued to strengthen the construction of the legal system of intellectual property right protection and strengthened law enforcement to protect intellectual property rights in 2010. Continued progress was made subsequently in the work of protecting intellectual property rights.

(I) Construction of the Legal System of Intellectual Property Right Protection

The State Council issued its decision on the revision of the Detailed Rules for the Implementation of the Patent Law. The State Intellectual Property Office issued the Interim Measures for the Implementation of the revised Detailed Rules for the Implementation of the Patent Law in January of 2010. The revised Guide to Patent Examination, the Measures for the Registration of Pledges for Patent Rights, the Provisions on the Electronic Applications for Patents, Certain Provisions on Patent Applications by Taiwan Compatriots, and the Measures for Administrative Enforcement of the Patent Law were also issued one after another. As of November 22, 2010, the State Intellectual Property Office began to accept requests for priority for Taiwan region from Taiwain compatriots.

The NPC Standing Committee revised the Copyright Law in February of 2010. The revised Copyright Law is more consistent with the TRIPS agreement. The State Copyright Bureau issued the revised Measures for the Registration of Pledges for Copyrights.

In March of 2010, the State Council adopted the decision on the revision of the Regulations on the Customs Protection of Intellectual Property Rights. The revision laid a good legal foundation for a continued rise of the level of protection of intellectual property rights by Chinese customs.

(II) Strengthening the Work of Law Enforcement in Protection of Intellectual Property Rights

The State Intellectual Property Office organized the organizations concerned to formulate the Action Progamme for the Protection of Intellectual Property Rights and carried out a special action for the protection of intellectual property rights of the World Expo' 2010 in Shanghai providing protection for the intellectual property rights of the innovation and achievements on display at World Expo' 2010. Starting from October of 2010, it carried out a six – month long special action of combating infringement of intellectual property rights and production and sale of fake and shoddy commodities, making a strict investigation of a number of major and important cases of intellectual property right infringement that received special attention both at home and abroad, and bringing a number of illegal enterprises to light. The special action protected copyrights, trade mark rights, patent rights and rights to new plant species, covered the concentrated places of product manufacturing, commodity distribution centers, and places where cases of infringing on intellectual property rights and producing and selling fake and shoddy commodities frequently occurred, focused on the press and publishing industry, cultural and entertainment industry, high - tech industry and agriculture, and investigated and dealt with such products as books, audio - video products, software, bulk commodities, motor parts, cell phones, medicine and seeds. It suppressed the acts of infringing intellectual property rights on a large scale and vigorously purified the market environment.

The Office strengthened the reporting and complaining service of the intellectual property right protection and aid centre. By the end of 2010, the State Intellectual Property Office approved the establishment of a total of 67 intellectual property protection and aid centres and preliminarily established a national intellectual property right protection, aid and reporting network. On the basis of the national patent law enforcement cooperation mechanism, the interprovincial patent law enforcement cooperation mechanisms in the Pan - Pearl River Delta, the Yangtze River Delta, circum - Bohai Sea, 16 provinces in the central region, 12 provinces in the western region and the three provinces in Northeast China continued to have been deepened and law enforcement cooperation mechanism in Guangdong, Sichuan, Henan and Hunan was gradually improved.

In 2010, the State Intellectual Property Office system accepted a total of 996 patent tort dispute cases and 17 other patent dispute cases and investigated and dealt with 605 fake patent cases. It dispatched a total of 20,646 law enforcement officials on different occasions, inspected 10,642 business centres and places, inspected 2,134,668 commodities, organized multi – departmental law enforcement cooperation on 545 occasions and inter – regional law enforcement cooperation on 972 occasions.

(III) Strengthening the Adjudication of Intellectual Property Right Infringement

People's courts at all levels implemented the national intellectual property right strategic programme, strengthened the judicial protection of intellectual property right, and adjudicated and closed a total of 48,051 intellectual property right cases, which was up by 32.96%. They strengthened the protection of famous trademarks, geographical marks for farm products and modern service marks to promote the formation and development of independent brands. They adjudicated anti – monopoly and improper competition cases and prevented the abuse of intellectual property rights to protect the market order of fair competition and the legitimate rights and interests of the public. They formulated guiding opinions on the adjudication of administrative cases involving the authorization and determination of trademark rights, disputes over copyrights for publications outside the country and disputes over internet café copyrights, adjusted the standard for the level of subject matter jurisdiction over civil cases involving intellectual property rights, unified the measure of law application and promoted the formation of the legal environment for independent innovation and progress in science and technology. The Supreme People's Court and the relevant departments jointly formulated the Opinions on Certain Issues Concerning the Application of Laws to Criminal Cases Involving Intellectual Property Right Infringement, took an active part in the special action of cracking down on intellectual property right infringement and production and sale of fake and shoddy commodities, and tried criminal cases involving intellectual property right infringement according to law. It strengthened legal propagation on intellectual property rights, issued white papers on China's judicial protection of intellectual property rights, annual reports and typical cases, and opened the judicial protection of intellectual property rights website to increase the transparency of intellectual property right trials and safeguard justice. The Supreme People's Court and the China Scientific and Technical Association signed a memorandum on cooperation in the judicial protection of intellectual property rights and invited experts as scientific and technical advisors to give intellectual support for the trial of intellectual property right cases.

IX. Legal System Propagation

(I) Organizing Featured Activities of Legal System Propagation and Education

China widely propagated the relevant laws and regulations to ensure the stable and relatively fast economic growth. It organized the propagation of the legal system to improve the cognizance of law of farmers and promoting the construction of new rural areas as the theme. It employed the designated week for intellectual property right protection propagation, the designated day for land and resources propagation, the designated week for water law propagation, the designated month for tax law propagation to organize propagation and education activities in relation to the relevant laws and regulations.

For the purpose of ensuring and improving people's livelihood, propagation was made for education on laws, rules and regulations on labour and employment, production safety, social security, house demolition and relocation in cities, contracted land transfer and structuring of state-owned enterprises. For the purpose of controlling the illegal discharge of pollutants by enterprises, a teleconference was called in 2010 to give propagation to the laws on environmental protection. To assist the NPC Standing Committee in the inspection of the implementation of the Food Safety Law, a greater degree of the Food Safety Law propagation was engaged.

A nationwide online legal knowledge competition and certain other activities to propagate the World Expo' in Shanghai and the Asian Games in Guangzhou were organized. Activities of conducting propagation and education on the legal system in Guangzhou and its peripheral areas were carried out. Propagation about the legal system in the disaster-affected areas, resettlement points and tents for the victims after the reconstruction work following the earthquake in Yushu, Qinghai Province, and the extremely large mud-rock flow in Zhouqu, Gansu Province was implemented.

The legal system propagation department organized the writing and publication of the questions and answers on the knowledge of the Electoral Law, the questions and answers on the knowledge of the People's Mediation Law, the questions and answers on the Organic Law on Villagers' Committees and certain other materials in relation to the formulation and revision of the Electoral Law, the People's Mediation Law, the Law on Guarding State Secrets and the Organic Law on Villagers' Committees. The local governments and central government departments organized legal knowledge tests for 1.26 million leading cadres at all levels, organized legal knowledge tests for 4.5 million civil servants, and held legal knowledge training sessions for 1.7 million managerial personnel in 2010. The relevant department also organized the seventh national competition for the propagation of legal knowledge among young people and children and a series of activities to mark the tenth anniversary of the national legal system propagation day on the fourth of last December.

(II) Propagating the Legal System with Stress on the Resolution of Social Discord, Innovation for Social Administration, and Fair and Honest Law Enforcement

For the purpose of safeguarding social stability, China organized 36,200 sessions on the propagation of legal knowledge on resolving social discord and distributed more than 50 million pamphlets on legal knowledge. In order to help maintain social stability in Tibet and Xinjiang, the governmental departments carried out activities of propagating legal knowledge in temples and places for religious services and organized more than 8,900 sessions on the dissemination of legal knowledge. In order to promote innovation in social administration, more than 67,000 special legal knowledge propagation sessions were organized, 760,000 exhibition boards were established, 380,000 posters were erected, and more than 90 million pamphlets were distributed. Strenuous efforts were made to promote the creation of cities ruled by law, counties ruled by law, model democratic villages ruled by law, model democratic communities ruled by law, and honest law - abiding enterprises. Twenty six provinces, autonomous regions and municipalities directly under the central government issued opinions on activities of promoting the rule of law with 241 prefectural - level cities and 1,856 counties coming to participate in such activities.

(III) Continuing to Carry out the Double - One - Hundred Activity

A total of 268 lectures on the rule of law were given attended to by 155,000 people in 28 provinces, autonomous regions and municipalities in 2010. Such lectures were a continuation of the "Double – One – Hundred "activity (one hundred legal lectures by one hundred jurists) initiated in 2006. They focused on major law theories and issues that concerned the exercise of rule of law in resolving social discord, that strove for innovation in social administration and enforcing law fairly and honestly, and that concerned the traditional topics on the Constitution, the socialist rule of law concepts, the legal system with Chinese characteristics and the socialist judicial system. The "Double – One – Hundred" Activity was also conducted on an experimental basis among ordinary people. Lectures were also given to government functionaries working at the county, township and village levels.

(IV) Publishing the Annual Report on China's Achievements in Promoting the Rule of Law

After publishing the Annual Report on China's Achievements in Promoting the Rule of Law for 2008, the China Law Society again organized the composition and publication of the Annual Report for 2009. The annual report gave a comprehensive description of China's achievements in promoting the rule of law in 2009. It covered eleven topics on legislation, administration by law, judicature, procuratorate, public security and judicial administration, reform of the judicial system and work mechanism, legal supervision, legal protection of human rights, protection of intellectual property rights, legal system propagation, legal education and legal research, and international exchanges and international cooperation.

X. Legal Education and Legal Research

(I) Legal Education Was Further Promoted

The National Long – Term Programme for Educational Reform and Development (2010 – 2020) was published in July of 2010. It was the first Chinese educational plan formulated in the 21st century. In accordance with this plan, China will start a comprehensive reform of the legal education including the system for running schools, modes of training, education content, teaching methods and methods of evaluation.

——Promoting the reform of the enrolment and training system for schools of political science and law. The reform of the enrolment and training system for schools of political science and law continued to progress in 2010. Its focal point was to select and enroll outstanding talented personnel from among rank – and – files retired from the army and ordinary college graduates for training to provide personnel and intellectual support to the political and legal organs at the grassroots level, especially to those at and below the county level in the central and western regions and in the economically less – developed areas. The teaching programme for the experimental classes opened in 2010 consisted of three levels: special college education, regular college education and postgraduate education. They enrolled 19,211 students including 16,138 regular college graduates and 3,073 retired rank and files, 939 post - graduates, 9,835 regular college students and 8,437 special college students. Of them, 1,013 will work in courts, 1,079 in procuratorates, 13,901 in public security organs, and 3,219 in judicial administrative organs. The China University of Political Science and Law, the Chinese People's University of Public Security, and 64 other universities and schools assumed the training mission.

——Having basically formed the legal education system with Chinese characteristics. Under the guidance of the principle of running law schools via multiple channels, in multiple forms and at multiple levels, the main legal education body consists of regular schools of higher education, professional training institutions, research institutions, Party schools, military academies, schools and private schools. They had full - time training, on - the - job training, training by correspondence, self - study examination, and radio and television courses. Their records of education include secondary technical schooling, junior college schooling, regular college schooling, and schooling for the master degree and doctorate. A legal educational system with Chinese characteristics, coupled with the training on academic learning and professional education, has taken shape. There were more than 620 schools of higher learning in China that provided legal education in 2010. There were nearly 300,000 students receiving regular college education in 2010.

——Enhancing the innovation of legal educational mechanism, training mode and educational reform. In 2010, legal education continued to strengthen under the concept of socialist rule of law. It emphasized an organic combination of basic education, featured education and expansive education and attached equal importance to professional education and quality education. It started a series of experiments in improving the quality of personnel training, such as the experimental reform of training top - notch and innovative personnel and the experimental school system of combining legal education with education in economics, finance, management and journalism. It optimized the educational structure for master degrees and made vigorous efforts to train high - level and composite - type personnel. It increased the proportion of the enrolment of student candidates for masters of law and cooperated with legal departments in training versatile legal talents as needed by professional market. Attention was paid to professional training in legal practice.

——Promoting exchanges and development in legal education with Taiwan and Hong Kong. In 2010, the educational departments on both sides of the Taiwan Strait broke the barrier between them that existed for decades and formally undertook to mutually recognize the records of schooling. The relevant law schools of the two sides held legal education seminars on the issues of the link between the two sides in legal education and started the dual degree program to promote the exchange and cooperation in legal education between the two sides. The Preparatory Office of Institutum Jurisprudentiae of Academia Sinica in Taiwan held a special seminar on legal education in the mainland, Taiwan, Hong Kong and Macau. Scholars of law schools from the mainland and Taiwan, Hong Kong and Macau had extensive discussions on legal education and cooperation matters.

——Strengthening international exchanges and cooperation in legal education. Good results were achieved in the master degree project between Tsinghua University and the Temple University of the United States and the summer cooperation project between the China People's University and the University of Indiana and University of Minnesota of the United States. The China People's University hosted the Forum of the Presidents of the Law Schools of the World's 100 Famous Universities in the 21st Century, and the presidents of the law schools of the one hundred famous universities in the world, leaders of important international law organizations and nearly 400 Chinese jurists were present. They had discussions on the development of legal education in their own countries, trends of the reform of legal education and the reform of the content of legal education, and reached consensus on international cooperation in legal education.

(II) Further Development of Jurisprudential Studies

——Starting to implement the plan for ten major projects of jurisprudential studies. To promote the prosperity of the jurisprudential studies and the rule of the country by law, the China Law Society started to implement the plan for ten major projects of jurisprudential studies in 2010 on the basis of extensive investigations and intensive debate. The plan has ten major research projects including the study on the outline for the implementation of the basic plan for governing the country by law, the study on the improvement of the socialist legal system with Chinese characteristics, and the study on the legal issues concerning the comprehensive promotion of administration by law, with each project covering dozens of sub – topics. They called upon nearly 200 jurists who were to make comprehensive interdisciplinary and interdepartmental studies in different fields for two to three years to produce a number of achievements of significant theoretic value and practical significance.

——Making important progress in the theoretical study of the Marxist law theory. After several years of efforts, the book entitled Jurisprudence was formally published by the People's Publishing House and the Higher Education Press. Teaching materials for certain other major courses were expected to come off press soon. These achievements reflected the practice of the socialist rule of law with Chinese characteristics and the exploration of the sinicization of Marxist legal theory.

——Studies in different branches of law were to bloom. The year of 2010 witnessed an abundance of achievements in the studies of different branches of law. The Constitutional law centered around the "Constitution and the socialist legal system with Chinese characteristics" and focused on the study of the fundamental principles of the issues concerning the construction of the Constitution and the legal system, the Constitution and the departmental laws, and the Constitution and the local laws. Jurisprudence centered around the "concept of the socialist rule of law and the road to the Chinese rule of law" and focused on the issues concerning the study of the basic connotation of the concept of the socialist rule of law and its characteristics, the concept of the socialist rule of law and justice, innovation in the rule of law, protection of rights, and practical jurisprudence and legal methods. Administrative jurisprudence focused on the study of the issues concerning the building of a government ruled by law, the governing of a country by law, exercise of administration by law, villagers' autonomy, legislation for volunteers, disposal of group incidents, innovation of social administration, and the building of a service – type government. Civil jurisprudence dealt with the study of the specific issues concerning the Tort Liability Law, the civil code system, the difficult issues in the implementation of the current civil laws, the adjustment and improvement of the rural civil legal relations, and the specific systematic issues of demolition of houses and relocation in cities, adjustment and possession of the right of contracted management of rural land and chattel mortgage. Commercial jurisprudence centered on the particularity of commercial trials and focused on the study of the difficult issues concerning company, insurance, securities, bankruptcy, bills, maritime, and trust. Jurisprudence for intellectual property rights centered on the legal protection for the national innovation system and focused on the study of the issues concerning the strategy and rule of law for intellectual property rights, innovation and legislation for the model of cooperation among production, study and research, legal mechanism for technology transfer, and revision of the Copyright Law in the network age as well as the protection of the traditional cultural expression. Economic jurisprudence centered on the interaction between the strategic adjustment of the economic structure and law, the study of the issues concerning social policies, protection and improvement of the livelihood of people according to law, and the application of the rule of law to promote the change of the mode of economic development. Social jurisprudence centered on social security, social construction and social laws and focused on the study of the issues concerning legal rules and systems, legal protection of occupational safety and hygiene, construction of the mechanism for resolving labour disputes, and legal protection of the rights and interests of the farmer – turned workers. International economic jurisprudence centered on the international economy and new financial order in the post – crisis age and focused on the study of China's role in promoting the establishment of a fair international economic order, the legal issue of internationalization of RMB and the reform of the international monetary system, the legal issue of the ECFA between the two sides of the Strait and the legal issues in the negotiations on the bilateral investment agreement between China and the United States. The study of international public law focused on the right of national self – determination, the legal order of international trade, financial crisis and the reform of the international financial order, the issue of the law of the sea, state sovereign immunity, climate change and international environment law. The study of the international private law focused on the Law of the People's Republic of China on the Application of Law for Foreign – Related Civil Relations (draft). It also dealt with the important issues of theory and practice of the international private law and certain other important questions concerning the movement of unification of international private law. The study of criminal jurisprudence focused on the Amendment (8) to the Criminal Law (draft), criminal judicial interpretation, theories of social harmfulness, adjustment of the criminal punishment structure and the legislative control of death sentence, punishment, and control and prevention of the organized crimes of the underworld. The science of civil procedure centered on the reform of the judicial system and the improvement of the system of supervision over civil procedures and focused on the study of the issues concerning the improvement of the civil protest system, supervision on the process of civil trial, supervision on the enforcement of civil cases, supervision over junior courts by superior courts, and the relations between procuratorate organs and courts in civil litigations. The science of criminal procedure centered on the theme of "further deepening the reform of criminal justice to promote the revision and improvement of the Criminal Procedural Law and focused on the study of the issues concerning the reform of the procedure for sentencing, the reform of the procedure for investigation, the reform of the criminal compulsory measures, and the improvement of the criminal defense system. The Chinese legal history focused on the study of the issues concerning the administration by local government officials, legal culture, and prospects of the study of the Chinese traditional legal culture. The history of foreign legal systems focused on the study of the issues on the relations between law and religion and its evolution. More than 1,400 legal works were published in 2010 and there was an increasing amount of exchanges and cooperation projects done with foreign countries.

XI. International Exchanges and International Cooperation

China took an active part in the making of relevant international law, continued to strengthen its exchanges and cooperation with other countries in the legal fields, made efforts to promote the construction of the foreign - related legal system, took the initiative in expressing its positions and views to international community on the key issues in the international legal fields, and obtained a number of positive results in international exchanges and international cooperation.

(I) Taking an Active Part in International Legislation and Earnestly Performing International Obligations

——Continuing to participate in the international legislation against terrorism. The Chinese delegation attended the sessions of the United Nations Ad Hoc Committee and other international conferences to make laws against terrorism. The Chinese government earnestly implemented the UN Security Council sanctions and strove to do its best in performing the supervision work of the relevant institutions and individuals. The NPC Standing Committee ratified the International Convention for the Suppression of Acts of Nuclear Terrorism in August of 2010. The number of anti - terrorism conventions under the UN framework which China has acceded to has increased to 12, thus further expanding the legal basis for international anti – terrorism cooperation between China and the related countries.

——In the field of the regional anti – terrorism legislation, the Chinese government continued to conclude bilateral treaties with its neighboring countries to combat terrorism and used the anti – terrorism organ under the Shanghai Cooperation Organization and relevant legal documents to promote cooperation and exchange. China and Russia completed their talks on a cooperative agreement on combating the "three forces" and signed the agreement in September of 2010.

——On the International Humanitarian Law, the Chinese government actively acceded to the treaties related to the International Humanitarian Law and expressed its positions and views at the relevant international conferences. The NPC Standing Committee ratified the Protocol on Explosive Remnants of War in April of 2010. Last November, the head of the Chinese delegation of observers remarked at the conference of signatory states to the Ottawa Convention on the Prohibition of the Use, Stockpiling, Production and Transfer of Anti – Personnel Mines that as a signatory state to the amended landmines protocol (Protocol II) to the Convention on Conventional Weapons (CCW), China has always strictly performed the obligations of the protocol. The Chinese government held a humanitarian mine – sweeping training class for Sudan and Afghanistan in 2010. The Chinese government also provided assistance to landmine victims in Peru. This was the first time China provided such assistance. Last December, the Chinese disarmament ambassador said at the conference of signatory states to the Biological Weapons Convention that the Convention plays an irreplaceably important role in eliminating threats from biological weapons, preventing the proliferation of biological weapons, coping with biological terrorism and strengthening biological security.

——On the International Law of the Sea, the Chinese government sent delegations to attend important international conferences in the sphere of the law of the sea, including the meeting of the signatory states to the United Nations Convention on the Law of the Sea to expound on China's position on the related issues. Last December, China's deputy permanent representative to the United Nations marked at the 65th Session of the UN General Assembly that China hoped the review of the limit proposals from the coastal countries by the Commission on the Limits of the Continental Shelf would not only meet the expectations of the international community, but also can stand the test of science, law and time. He said that the Chinese government has always paid much attention to the important role of the International Tribune for the Law of the Sea in the peaceful resolution of sea disputes and maintenance of the international sea order and supported the Tribune in performing its duties in accordance with the Convention. The International Symposium on Scientific and Legal Aspects of the Regimes of the Continental Shelf and the Area was held in Beijing last May. People present at the symposium had extensive and intensive discussions on the topics of "Theory and Practice of the Shelf Regimes", "Scientific Aspects of the Continental Shelf Regimes", "International Seabed Area and Deep Sea Resources Environments" and some other key issues. The Chinese government submitted its written statement to the International Tribune for the Law of the Sea regarding the consultancy case of the responsibilities and obligations of sponsoring states with respect to activities in the international seabed area last August. This was China's first participation in the proceedings for the trial of a relevant case at the International Tribune for the Law of the Sea.

——On the outer space law, the Chinese delegation attending the 53rd session of the Committee on the Peaceful Use of Outer Space in June of 2010 stressed that the Chinese government supports the conclusion of comprehensive legal documents to maintain peace and tranquility in outer space through negotiations on the premise of not affecting the current legal framework and resolution of new issues arising from the exploration and use of outer space to promote the rule of law for a harmonious outer space. By 2010, China has signed bilateral agreements with 46 countries on cooperation in space. As the host country of the Asia – Pacific Space Cooperation Organization, China conducted highly effective cooperation with its member countries, which played a positive role in promoting space exchanges in the region. China also took an active part in the work of the UN Committee on the Peaceful Use of Outer Space and contributed to the conclusion of the Space Debris Mitigation Guidelines and other important space rules.

——On the key issues in the sphere of the international criminal law, the Chinese delegation commented that the issue of death penalty was a legislative and judicial issue within the scope of a country's sovereignty that other countries had no right to interfere. He made the statement before the UN General Assembly's Third Committee that voted for the resolution on global moratorium on death penalty. He remarked that the international community had no consensus on the issue of the abolition of death penalty and that the UN General Assembly's discussion and adoption of the resolution ran counter to the principle of non-interference in the internal affairs of a country laid down in the UN Charter, that could only make the issue becoming more political and complicated instead of helping to eliminate differences and solving the issue. Moreover, he remarked that it would not be conducive to change the various positions of different countries on the issue. The Chinese representative urged the countries who proposed the resolution to adopt an objective, fair and balanced attitude, respect the judicial sovereignty of all other countries, abandon the practice of making the death penalty issue political, and stop imposing their views on other countries by proposing such resolution.

In respect of international human right instruments, China took an active part in drafting the optional protocol for received instruments to the Convention on the Rights of Children, submitted the non-instrument type of the commentary of the Chinese government on the basic essentials of the draft of the protocol, sent its delegation to attend the drafting meetings of the working group for the protocol, participated in the discussions on all the topics, and played a constructive role. China earnestly performed the obligations of the International

Human Rights Treaty and submitted its report on the performance of the treaty to the human rights treaty organ. In 2010, China submitted its consolidated report of the third and fourth issues on the performance of the Convention on the Rights of Children, the first report on the Optional Protocol to the Convention on the Rights of the Child Regarding the Involvement of Children in Armed Conflicts, the first report on the Convention on the Rights of Persons with Disabilities, and the second report on the International Convention on the Economic, Social, and Cultural Rights. The reports gave a comprehensive description of China' s performance of the afore – mentioned treaties in recent years.

(II) Outstanding Achievements in Judicial Assistance

By 2010, China has signed more than 100 treaties with nearly 60 countries in the category of judicial assistance, most of which involving mutual assistance in the affairs of criminal justice. China has so far acceded to more than 20 multilateral international conventions containing international cooperation in judicial assistance and forged good cooperation in transferring sentenced persons.

——The NPC Standing Committee ratified the Treaty on Extradition Between the People' s Republic of China and the Republic of Indonesia last April. China and Britain held a seminar on booty recovery from other countries in Beijing last June. China and Australia jointly held a seminar on judicial assistance in criminal affairs between the two countries and a closed consultation meeting between the central organs of the two sides last November, which concerned a discussion of many issues on international cooperation in criminal justice.

——Outstanding achievements in judicial cooperation between China and Africa. By 2010, China has signed 14 bilateral treaties on judicial cooperation with African countries. China signed bilateral treaties on judicial assistance in criminal affairs with four African countries of Tunisia, South Africa, Namibia and Algeria, which have all become effective. China also signed a bilateral agreement with Egypt on judicial assistance in civil, commercial and criminal affairs, which has also taken effect. In accordance with these five treaties, China and these African countries undertook the obligation of providing judicial assistance to each other, including the service of criminal litigation documents, investigation for evidence, looking for or identifying persons, and judicial inquest.

China also signed treaties on extradition with Tunisia, South Africa, Lesotho, Namibia, Algeria and Angola, with the first five treaties already taking effect. In accordance with these treaties, China and the relevant African countries mutually undertook the obligations of extraditing persons who were wanted in their respective countries for procuratorate or enforcement of criminal penalties in conjunction with the treaty provisions.

In respect of judicial cooperation in civil and commercial affairs between China and Africa, China has signed treaties with Morocco, Tunisia and Algeria on judicial assistance in civil and commercial affairs. Except for the treaty on judicial assistance in civil and commercial affairs between China and Algeria signed at the beginning of 2010, all treaties have come into effect. In accordance with the aforementioned treaties or agreements, China and the relevant countries may assist each other in the service of civil and commercial documents, making investigations for evidence, and recognition and enforcement of court decisions and arbitration decisions in civil and commercial affairs.

——On the issue of judicial assistance in anti – corruption, the Chinese government has ratified and acceded to the United Nations Convention Against Corruption and other international conventions, signed 77 bilateral treaties with foreign countries on judicial assistance in civil and criminal affairs, and signed extradition treaties with 33 countries. China also assisted foreign governments in cracking down on transnational corruption. Last December, a Chinese delegation attended the first meeting of the United Nations Convention against Corruption working group for the prevention of corruption. The Chinese representative spoke on offering technical assistance for the prevention of corruption by the State Anti – Corruption Bureau. He said that the impact of the global financial crisis was not yet eliminated and the struggle against corruption in all countries still faced stern challenges. All countries should strengthen cooperation, help each other in promoting the recovery of the global substantive economy and create a good environment of integrity, transparency, fairness and justice.

(III) Dialogues and Negotiations on Climate Change

Negotiations on climate change was still one of the focal points of the international public opinion in 2010. Developed countries and developing countries were still divided on such issues as emission reduction targets of developed countries in the second commitment period, the transparency of the reduction and mitigation actions in developing countries and proper measures, financial support and technology transfer. China took an active part in the multiple – channel and multiple – level international consultations and exchanges and strengthened the communication and coordination with other developing countries and dialogues with developed countries in 2010.

——Premier Wen Jiabao sent a letter of response respectively to Danish Prime Minister Anders Fogh Rasmussen and UN secretary General Ban Ki – moon in January of 2010, stating that China had very positive opinions of, and supported the Copenhagen Agreement issued by the United Nations Copenhagen Conference on Climate Change. He wrote that China would play its positive and constructive role as usual and join the international community in helping the Mexico Conference fulfill the task of concluding the negotiations on the Bali Road Map and achieve comprehensive, effective and binding achievements in the implementation of the Convention and Protocol, and that China would do its part coping with climate change.

The Sino – European ministerial – level consultations on climate change took place in Beijing in April of 2010. It issued a joint statement on the dialogue and cooperation between China and Europe in climate change and formulated the climate and cooperation dialogue and cooperation mechanism at the ministerial level of symbolic significance between China and Europe.

——The Unite Nations Climate Change Conference took place in Tianjin in October of 2010. This was the first United Nations Climate Change Conference China ever hosted. It showed the consistent positive attitude of the Chinese government toward the issue of climate change.

——During President Hu Jiatao's visit to France in November of 2010, representatives of the two countries signed the Agreement on Strengthening Cooperation in Combating Climate Change between the State Development and Reform Commission of the People's Republic of China and the Ministry of Ecology, Energy, Sustainable Development and Sea of the Republic of France, giving a formal start to the bilateral consultation mechanism for climate change between China and France.

The 16th conference of the parties to the United Nations Framework Convention on Climate Change and the sixth conference of the parties to the Kyoto Protocol took place in Cancun, Mexico in December of 2010. China attended the conference with a positive and constructive approach and joined with all other parties in promoting the conclusion of the Cancun Agreement.

(IV) Constant Development of Exchanges with Foreign Countries in the Science of Law

The Second Northeast Asian Forum on Legal Cooperation took place in Changchun, Jilin Province in September of 2010. More than

160 experts and scholars in law and jurisprudence from China, Japan, South Korea and Mongolia were present. They had discussions on the legal environment for economic cooperation among the Northeast Asian countries.

The Second China – Africa Cooperation Forum – Legal Forum was held in Beijing in September of 2010 and more than 200 representatives from China and nearly 40 African countries were present. "Grasping the Opportunity and Strengthening Legal Cooperation to Promote the Comprehensive Development of the New Type of Strategic Partnership Relations" was the main topic for the forum. The forum adopted the Beijing Declaration.

The Fifth China – ASEAN High – Level Legal Cooperation and Development Forum was held in Chongqing in November of 2010. The forum made a study of the legal issues concerning the China – ASEAN Free Trade Zone and emphasized the substantial legal cooperation after the FT zone was established. It reached a broad consensus on strengthening legal and jurisprudential cooperation, promoting regional economic integration and impelling the region's common development.

The Fourth China – Latin America Legal Cooperation Forum was held in Lima, Peru, in December of 2010. More than 200 government officials, jurists, lawyers and corporate legal consultants from China, Argentine, Brazil, Chile, Colombia, Ecuador and Peru were present. They had an extensive change of views on the theme of "March to the Construction of Commercial Strategic Partnership Relations" in the areas of civil and commercial laws, company law, environment law, civil and commercial litigation, arbitration and mediation, China – Latin America Free Trade Zone, and Sino – Latin American relations as well as substantial cooperation.

(V) Taking an Active Part in the Work of the International Law Institutions

Members of Chinese nationality and judges continued to take an active part in the activities of the United Nations International Law Committee and the International Court of Justice. The Chinese government continued to express its views and opinions on the relevant issues to promote the work of international legislation and judicature.

The 62nd Session of the United National International Law Commission opened in Geneva in May of 2010. Ambassador Xue Hanqin, a legal adviser to the Chinese Ministry of Foreign Affairs and senior member of the UN International Law Commission, was elected chairwoman of the Commission to become the first chairwoman in the history of the commission. She was also elected justice on the International Court of Justice last June to become the first Chinese female judge of this authoritative international judicial organ.

——On the International Criminal Court, the Chinese representative made a speech on the report of the International Crime Court at the United Nations General Assembly meeting. He commented that China had always paid much attention to the role of the international criminal justice in promoting social development and supported the establishment of an independent, fair, effective and universal international criminal judicial organ as a supplement to the national legal system for punishing the most serious international crimes and promoting world peace and achieving judicial justice. At the same time, the successful operation of courts is inseparable from the support from the countries and the cooperation of the relevant international organizations. The action of courts must proceed within the modern international law system with the Charter of the United Nations as its foundation stone. The first – ever Review Conference on the Rome Statute of the International Criminal Court (ICC) took place in Kampala, Uganda in June of 2010. It adopted the amendment to the clause of the crime of aggression. China as an observer took part in the negotiations with a positive and responsible approach.

——On the issue of the International Law Commission, the Chinese representative made a speech at the UN Sixth Committee Session on the topic of the "Report on the Work of the 62nd Session of the International Law Commission". The representative remarked that the Chinese government paid much attention to the International Law Commission and treasured the commission's contribution in the compilation and gradual development of the international law. The representative made comments on the three topics of expulsion of aliens, effects of armed conflicts upon treaty obligations, and protection of persons in the event of disasters.

(VI) Active Use of International Mechanism to Resolve Trade Disputes

China filed a complaint to the World Trade Organization over European Union's anti – dumping measures against Chinese footwear in February of 2010, demanding negotiations with the European Union. In its appeal for negotiation, China complained that EU's anti – dumping measures violated the relevant articles of the Anti – dumping Agreement, the General Agreement on Tariff and Trade 1994 and the Protocol on the Accession of the People's Republic of China. The WTO panel of experts for dispute resolution made its ruling on China's complaint over U. S. poultry import measures last September. The decision went against the United States that chose not to appeal. The WTO panel of experts for dispute resolution made its ruling on China's complaint over the U. S. anti – dumping and anti – subsidy measures for certain Chinese products last October. The WTO panel of experts rendered its rulings on China's complaint over European Union's anti – dumping measures for Chinese fasteners and over the U. S. tire special protection measures.

Concluding Remarks

2010 was the last year for China's implementation of the Eleventh Five - Year Plan. Through its unremitting efforts, China has scored outstanding achievements in promoting the rule of law and providing a powerful support and safeguard to its socialist modernization.

2011 is the starting year of the Twelfth Five - Year Plan. The task of promoting the rule of law is still arduous. The socialist legal system with Chinese characteristics will be further improved. Governing the country by law, administration by law, judicial justice, and handling matters according to law will be in more pressing need. Enhancing the legal awareness and consciousness of the whole society will require even a greater degree of perseverance. Confronted with new situations and new challenges, the people of all nationalities of China will, under the leadership of the Communist Party of China, continue to make unremitting and unswerving efforts to adhere to the socialist road for the political development with Chinese characteristics and strive to compose a new episode in promoting the rule of law on the land of China.

Annex

I. Classified Contents of the Current Effective Laws of the People's Republic of China (237 items) (Up till the 18th Session of the Standing Committee of the 11th National People's Congress held in December of 2010)

The Constitution of the People's Republic of China (1982)

Amendments to the Constitution of the People's Republic of China (1988)

Amendments to the Constitution of the People's Republic of China (1993)

Amendments to the Constitution of the People's Republic of China (1999)

Amendments to the Constitution of the People's Republic of China (2004)

(I) **Constitution – related Laws (38 items)**

1. The Organic Law of the Local People's Congresses and Local People's Governments of the People's Republic of China (adopted in 1979 and amended in 1982, 1986, 1995 and 2004)
2. The Electoral Law of the National People's Congress and the Local People's Congresses of the People's Republic of China (adopted

in 1979 and amended in 1982, 1986, 1995, 2004 and 2010)

3. The Organic Law of the People's Courts of the People's Republic of China (adopted in 1979 and amended in 1983, 1986 and 2006)
4. The Organic Law of the People's Procuratorate of the People's Republic of China (adopted in 1979 and amended in 1983 and 1986)
5. The Nationality Law of the People's Republic of China (adopted in 1980)
6. The Organic Law of the National People's Congress of the People's Republic of China (adopted in 1982)
7. The Organic Law of the State Council of the People's Republic of China (adopted in 1982)
8. Certain Provisions of the Standing Committee of the National People's Congress on Direct Election of Deputies to the People's Congresses at and below the County Level (adopted in 1983)
9. The Law of the People's Republic of China on Regional National Autonomy (adopted in 1984 and amended in 2001)
10. The Decision of the Standing Committee of the National People's Congress on the Establishment of Maritime Courts in Coastal Port Cities (adopted in 1984)
11. The Regulations of the People's Republic of China on Diplomatic Privileges and Diplomatic Immunity (adopted in 1986)
12. The Rules of Procedure of the Standing Committee of the National People's Congress of the People's Republic of China (adopted in 1987 and amended in 2009)
13. The Decision of the Standing Committee of the National People's

Congress on the Approval of the Provisions of the Central Military Commission on Conferring Medals of Honor for the Meritorious Service of the Chinese People's Liberation Army on Retired Veteran Cadres of the Army (adopted in 1988)

Attached: The Provisions of the Central Military Commission on Conferring Medals of Honor for the Meritorious Service of the Chinese People's Liberation Army on Retired Veteran Cadres of the Army

14. The Rules of Procedure of the National People's Congress of the People's Republic of China (adopted in 1989)
15. The Law of the People's Republic of China on Assemblies, Processions and Demonstrations (adopted in 1989 and amended in 2009)
16. The Organic Law of Urban Residents' Committees of the People's Republic of China (adopted in 1989)
17. The Basic Law of the Hong Kong Special Administrative Region of the People's Republic of China (adopted in 1990)

    Annex I: Method for the Selection of the Chief Executive of the Hong Kong Special Administrative Region

    Annex II: Method for the Formation of the Legislative Council of the Hong Kong Special Administrative Region and Its Voting Procedures

    Annex III: National Laws to be Applied in the Hong Kong Special Administrative Region
18. The National Flag Law of the People's Republic of China (adopt-

ed in 1990 and amended in 2009)

19. The Regulations of the People's Republic of China on Consular Privileges and Immunities (adopted in 1990)

20. The Law of the People's Republic of China on the Procedure for the Conclusion of Treaties (adopted in 1990)

21. The National Emblem Law of the People's Republic of China (adopted in 1991 and amended in 2009)

22. The Law of the People's Republic of China on the Territorial Waters and Contiguous Areas (adopted in 1992)

23. The Law of the People's Republic of China on the Deputies to the National People's Congress and the Local People's Congresses (adopted in 1992, and amended in 2009 and 2010)

24. The Basic Law of the Macao Special Administrative Region of the People's Republic of China (adopted in 1993)

    Annex I: Method for the Selection of the Chief Executive of the Macao Special Administrative Region

    Annex II: Method for the Formation of the Legislative Council of the Macao Special Administrative Region

    Annex III: National Laws to be Applied in the Macao Special Administrative Region

25. The State Compensation Law of the People's Republic of China (adopted in 1994 and amended in 2010)

26. The Judges Law of the People's Republic of China (adopted in 1995 and amended in 2001)

27. The Prosecutors Law of the People's Republic of China (adopted

in 1995 and amended in 2001)

28. The Martial Law of the People's Republic of China (adopted in 1996)
29. The Measures for the Election of Deputies by the Chinese People's Liberation Army to the National People's Congress and the Local People's Congresses at and above the County Level (adopted in 1981, revised in 1996, and changed to the current title)
30. The Garrison Law of the Hong Kong Special Administrative Region of the People's Republic of China (adopted in 1996)
31. The National Defense Law of the People's Republic of China (adopted in 1997 and amended in 2009)
32. The Law of the People's Republic of China on the Exclusive Economic Zone and the Continental Shelf (adopted in 1998)
33. The Organic Law of the People's Republic of China on Villagers' Committees (adopted in 1998 and revised in 2010)
34. The Garrison Law of the Macao Special Administrative Region of the People's Republic of China (adopted in 1999)
35. The Legislation Law of the People's Republic of China (adopted in 2000)
36. The Anti-Secession Law (adopted in 2005)
37. The Law of the People's Republic of China on Judicial Immunity from Compulsory Measures Concerning the Assets of Foreign Central Banks (adopted in 2005)
38. The Law of the People's Republic of China on the Supervision of the Standing Committees of the People's Congresses (adopted in

2006)

(II) Civil and Commercial Laws (33 items)

1. The Law of the People's Republic of China on Chinese – Foreign Equity Joint Ventures (adopted in 1979 and amended in 1990 and 2001)
2. The Marriage Law of the People's Republic of China (adopted in 1980 and amended in 2001)
3. The Trade Mark Law of the People's Republic of China (adopted in 1982, and amended in 1993 and 2001)
4. The Patent Law of the People's Republic of China (adopted in 1984, and amended in 1992, 2000 and 2008)
5. The Inheritance Law of the People's Republic of China (adopted in 1985)
6. The General Principles of the Civil Law of the People's Republic of China (adopted in 1986 and amended in 2009)
7. The Law of the People's Republic of China on Foreign Owned Enterprises (adopted in 1986 and amended in 2000)
8. The Law of the People's Republic of China on Industrial Enterprises Owned by the Whole People (adopted in 1988 and amended in 2009)
9. The Law of the People's Republic of China on Chinese – Foreign Contractual Joint Ventures (adopted in 1988 and amended in 2000)
10. The Copyright Law of the People's Republic of China (adopted in

1990, amended in 2001 and 2010)

11. The Adoption Law of the People's Republic of China (adopted in 1991 and amended in 1998)
12. The Maritime Law of the People's Republic of China (adopted in 1992)
13. The Law of the People's Republic of China on the Protection of the Rights and Interests of Consumers (adopted in 1993 and amended in 2009)
14. The Company Law of the People's Republic of China (adopted in 1993, amended in 1999 and 2004, and revised in 2005)
15. The Commercial Bank Law of the People's Republic of China (adopted in 1995 and amended in 2003)
16. The Negotiable Instruments Law of the People's Republic of China (adopted in 1995 and amended in 2004)
17. The Guaranty Law of the People's Republic of China (adopted in 1995)
18. The Insurance Law of the People's Republic of China (adopted in 1995, amended in 2002, and revised in 2009)
19. The Auction Law of the People's Republic of China (adopted in 1996 and amended in 2004)
20. The Partnership Enterprise Law of the People's Republic of China (adopted in 1997 and revised in 2006)
21. The Securities Law of the People's Republic of China (adopted in 1998, amended in 2004 and revised in 2005)
22. The Contract Law of the People's Republic of China (adopted in

1999)

23. The Sole Proprietorship Enterprise Law of the People's Republic of China (adopted in 1999)
24. The Law of the People's Republic of China on Tenders and Bidding (adopted in 1999)
25. The Trust Law of the People's Republic of China (adopted in 2001)
26. The Law of the People's Republic of China on Land Contract in Rural Areas (adopted in 2002 and amended in 2009)
27. The Law of the People's Republic of China on Funds for Investment in Securities (adopted in 2003)
28. The Electronic Signature Law of the People's Republic of China (adopted in 2004)
29. The Bankruptcy Law of the People's Republic of China (adopted in 2006)
30. The Law of the People's Republic of China on Specialized Farmers Cooperatives (adopted in 2006)
31. The Property Right Law of the People's Republic of China (adopted in 2007)
32. The Tort Liability Law of the People's Republic of China (adopted in 2009)
33. The Law of the People's Republic of China on the Application of Law for Foreign – Related Civil Relations (adopted in 2010)

(III) Administrative Laws (77 items)

1. The Resolution of the Standing Committee of the National People's

Congress on the Approval of the Decision of the State Council on the Question of Education through Labour (adopted in 1957)

Annex: The Decision of the State Council on Education through Labour

2. The Regulations of the People's Republic of China on the Household Registration of Citizens (adopted in 1958)
3. The Resolution of the Standing Committee of the National People's Congress on the Approval of the Interim Measures for the Settlement of the Elderly, Weak, Sick and Disabled Cadres (adopted in 1978)

   Annex: The Interim Measures for the Settlement of the Elderly, Weak, Sick and Disabled Cadres
4. The Resolution of the Standing Committee of the National People's Congress on the Approval of the Supplementary Provisions of the State Council on Rehabilitation through Labour (adopted in 1979)

   Annex: The Supplementary Provisions of the State Council on Rehabilitation through Labour
5. The Regulations of the People's Republic of China on Academic Degrees (adopted in 1980 and amended in 2004)
6. The Resolution of the Standing Committee of the National People's Congress on the Approval of the Interim Provisions of the State Council for Veteran Cadres to Leave Their Posts in Order to Rest (adopted in 1980)

   Annex: The Interim Provisions of the State Council for Veteran Cadres to Leave Their Posts in Order to Rest

7. The Law of the People's Republic of China on the Protection of the Marine Environment (adopted in 1982 and revised in 1999)
8. The Law of the People's Republic of China on the Protection of Cultural Relics (adopted in 1982, amended in 1991, revised in 2002 and amended in 2007)
9. The Law of the People's Republic of China on Maritime Traffic Safety (adopted in 1983)
10. The Law of the People's Republic of China on the Prevention and Control of Water Pollution (adopted in 1984, amended in 1996 and revised in 2008)
11. The Military Service Law of the People's Republic of China (adopted in 1984, and amended in 1998 and 2009)
12. The Drug Administration Law of the People's Republic of China (adopted in 1984 and revised in 2001)
13. The Law of the People's Republic of China on the Control of Entry and Exit of Aliens (adopted in 1985)
14. The Law of the People's Republic of China on the Control of Exit and Entry of Citizens (adopted in 1985 and amended in 2009)
15. The Compulsory Education Law of the People's Republic of China (adopted in 1986 and revised in 2006)
16. The Law of the People's Republic of China on Frontier Health and Quarantine (adopted in 1986 and amended in 2007 and 2009)
17. The Customs Law of the People's Republic of China (adopted in 1987 and amended in 2000)

18. The Law of the People's Republic of China on the Prevention and Control of Air Pollution (adopted in 1987, amended in 1995 and revised in 2000)
19. The Archives Law of the People's Republic of China (adopted in 1987 and amended in 1996)
20. The Regulations on the Military Ranks of the Officers of the Chinese People's Liberation Army (adopted in 1988 and amended in 1994)
21. The Law of the People's Republic of China on Guarding State Secrets (adopted in 1988 and revised in 2010)
22. The Law of the People's Republic of China on the Protection of Wildlife (adopted in 1988, and amended in 2004 and 2009)
23. The Law of the People's Republic of China on the Prevention and Treatment of Infectious Diseases (adopted in 1989 and revised in 2004)
24. The Environmental Protection Law of the People's Republic of China (adopted in 1989)
25. The Law of the People's Republic of China on the Protection of Military Installations (adopted in 1990 and amended in 2009)
26. The Regulations of the People's Republic of China on the Police Ranks of the People's Police (adopted in 1992 and amended in 2009)
27. The Surveying and Mapping Law of the People's Republic of China (adopted in 1992 and revised in 2002)
28. The State Security Law of the People's Republic of China (adopt-

ed in 1993 and amended in 2009)

29. The Law of the People's Republic of China on Progress in Science and Technology (adopted in 1993 and revised in 2007)
30. The Teachers Law of the People's Republic of China (adopted in 1993 and amended in 2009)
31. The Law of the People's Republic of China on Maternal and Infant Health Care (adopted in 1994 and amended in 2009)
32. The Prison Law of the People's Republic of China (adopted in 1994)
33. The People's Police Law of the People's Republic of China (adopted in 1995)
34. The Education Law of the People's Republic of China (adopted in 1995 and amended in 2009)
35. The Reserve Officers Law of the People's Republic of China (adopted in 1995 and revised in 2010)
36. The Law of the People's Republic of China on Physical Culture and Sports (adopted in 1995 and amended in 2009)
37. The Law of the People's Republic of China on the Prevention and Control of Environmental Pollution Caused by Solid Waste (adopted in 1995 and revised in 2004)
38. The Law of the People's Republic of China on Administrative Punishment (adopted in 1996 and amended in 2009)
39. The Lawyers Law of the People's Republic of China (adopted in 1996, amended in 2001 and revised in 2007)
40. The Law of the People's Republic of China on Promoting the

Transformation of Scientific and Technological Achievements (adopted in 1996)

41. The Vocational Education Law of the People's Republic of China (adopted in 1996)

42. The Gun Control Law of the People's Republic of China (adopted in 1996 and amended in 2009)

43. The Law of the People's Republic of China on the Prevention and Control of Environmental Noise Pollution (adopted in 1996)

44. The Law of the People's Republic of China on People's Air Defense (adopted in 1996 and amended in 2009)

45. The Law of the People's Republic of China on Administrative Supervision (adopted in 1997 and amended in 2010)

46. The Blood Donation Law of the People's Republic of China (adopted in 1997)

47. The Law of the People's Republic of China on Protecting Against and Mitigating Earthquake Disasters (adopted in 1997 and revised in 2008)

48. The Firefighting Law of the People's Republic of China (adopted in 1998 and revised in 2008)

49. The Law of the Peoples Republic of China on Medical Practitioners (adopted in 1998 and amended in 2009)

50. The Higher Education Law of the People's Republic of China (adopted in 1998)

51. The Law of the People's Republic of China on Administrative Review (adopted in 1999 and amended in 2009)

52. The Meteorological Law of the People's Republic of China (adopted in 1999 and amended in 2009)
53. The Law of the People's Republic of China on the Standard of Spoken and Written Chinese Language (adopted in 2000)
54. The Law of the People's Republic of China on Officers in Active Service (adopted in 1988, amended in 1994 and 2000, and changed to the current title)
55. The National Defense Education Law of the People's Republic of China (adopted in 2001)
56. The Law of the People's Republic of China on the Prevention and Control of Desertification (adopted in 2001)
57. The Law of the People's Republic of China on Population and Family Planning (adopted in 2001)
58. The Law of the People's Republic of China on the Propagation of Science and Technology (adopted in 2002)
59. The Law of the People's Republic of China on Environmental Impact Evaluation (adopted in 2002)
60. The Law of the People's Republic of China on the Promotion of Privately – run Schools (adopted in 2002)
61. The Regulations of the People's Republic of China on Customs Ranks (adopted in 2003)
62. The Law of the People's Republic of China on Residents' Identity Cards (adopted in 2003)
63. The Law of the People's Republic of China on the Prevention and Control of Radioactive Pollution (adopted in 2003)

64. The Law of the People's Republic of China on Administrative Licenses (adopted in 2003)
65. The Law of the People's Republic of China on Road and Traffic Safety (adopted in 2003 and amended in 2007)
66. The Civil Servants Law of the People's Republic of China (adopted in 2005)
67. The Law of the People's Republic of China on Security Administration Punishment (adopted in 2005)
68. The Notarization Law of the People's Republic of China (adopted in 2005)
69. The Passport Law of the People's Republic of China (adopted in 2006)
70. The Emergency Response Law of the People's Republic of China (adopted in 2007)
71. The Law of the People's Republic of China on Urban and Rural Planning (adopted in 2007)
72. The Law of the People's Republic of China on Narcotics Control (adopted in 2007)
73. The Food Safety Law of the People's Republic of China (adopted in 2009)
74. The Law of the People's Republic of China on the People's Armed Police Force (adopted in 2009)
75. The Law of the People's Republic of China on Diplomatic Personnel Stationed Abroad (adopted in 2009)
76. The Law of the People's Republic of China on the Protection of

Islands (adopted in 2009)

77. The Law of the People's Republic of China on National Defense Mobilization (adopted in 2010)

(**IV**) **Economic Laws** (**59 items**)

1. The Resolution of the Standing Committee of the National People's Congress on the Approval of the Regulations on the Special Economic Region in Guangdong Province (adopted in 1980)
   Annex: The Regulations on the Special Economic Region in Guangdong Province
2. The Personal Income Tax Law of the People's Republic of China (adopted in 1980, amended in 1993, 1999, 2005 and twice in 2007)
3. The Statistics Law of the People's Republic of China (adopted in 1983, amended in 1996 and revised in 2009)
4. The Forestry Law of the People's Republic of China (adopted in 1984 and amended in 1998 and 2009)
5. The Accounting Law of the People's Republic of China (adopted in 1985, amended in 1993 and revised in 1999)
6. The Grassland Law of the People's Republic of China (adopted in 1985, revised in 2002 and amended in 2009)
7. The Metrology Law of the People's Republic of China (adopted in 1985 and amended in 2009)
8. The Fishery Law of the People's Republic of China (adopted in 1986, amended in 2000, 2004 and 2009)

9. The Law of the People's Republic of China on Mineral Resources (adopted in 1986, amended in 1996 and 2009)
10. The Law of the People's Republic of China on Land Administration (adopted in 1986, amended in 1988, revised in 1998 and amended in 2004)
11. The Postal Law of the People's Republic of China (adopted in 1986 and revised in 2009)
12. The Water Law of the People's Republic of China (adopted in 1988, revised in 2002 and amended in 2009)
13. The Standardization Law of the People's Republic of China (adopted in 1988)
14. The Law of the People's Republic of China on the Inspection of Import and Export Commodities (adopted in 1989 and amended in 2002)
15. The Railway Law of the People's Republic of China (adopted in 1990 and amended in 2009)
16. The Law of the People's Republic of China on Tobacco Monopoly (adopted in 1991, and amended in 2009)
17. The Law of the People's Republic of China on the Conservation of Water and Soil (adopted in 1991, amended in 2009 and revised in 2010)
18. The Law of the People's Republic of China on the Entry and Exit of Animal and Plant Quarantine (adopted in 1991, amended in 2009)
19. The Law of the People's Republic of China on the Administration

of Tax Collection (adopted in 1992, amended in 1995 and revised in 2001)

20. The Product Quality Law of the People's Republic of China (adopted in 1993, amended in 2000 and 2009)

21. The Law of the People's Republic of China on the Propagation of Agricultural Technologies (adopted in 1993)

22. The Law on Agriculture of the People's Republic of China (adopted in 1993, revised in 2002 and amended in 2009)

23. The Law of the People's Republic of China against Competition by Inappropriate Means (adopted in 1993)

24. The Law of the People's Republic of China on Certified Accountants (adopted in 1993)

25. The Decision of the Standing Committee of the National People's Congress on the Interim Regulations on Taxations Including Value - Added Tax, Consumption Tax and Business Tax Applicable to Enterprises with Foreign Investment and Foreign Enterprises (adopted in 1993)

26. The Law of the People's Republic of China on the Protection of Investment by Taiwan Compatriots (adopted in 1994)

27. The Budget Law of the People's Republic of China (adopted in 1994)

28. The Foreign Trade Law of the People's Republic of China (adopted in 1994 and revised in 2004)

29. The Law of the People's Republic of China on the Administration of Urban Real Estate (adopted in 1994, amended in 2007 and

2009)

30. The Audit Law of the People's Republic of China (adopted in 1994 and amended in 2006)

31. The Advertising Law of the People's Republic of China (adopted in 1994)

32. The Law of the People's Republic of China on the People's Bank of China (adopted in 1995 and amended in 2003)

33. The Civil Aviation Law of the People's Republic of China (adopted in 1995 and amended in 2009)

34. The Electricity Law of the People's Republic of China (adopted in 1995 and amended in 2009)

35. The Coal Law of the People's Republic of China (adopted in 1996 and amended in 2009)

36. The Law of the People's Republic of China on Township Enterprises (adopted in 1996)

37. The Highway Law of the People's Republic of China (adopted in 1997 and amended in 1999, 2004 and 2009)

38. The Law of the People's Republic of China on the Prevention of Animal Epidemics (adopted in 1997 and revised in 2007)

39. The Flood Prevention Law of the People's Republic of China (adopted in 1997 and amended in 2009)

40. The Energy Conservation Law of the People's Republic of China (adopted in 1997 and revised in 2007)

41. The Construction Law of the People's Republic of China (adopted in 1997)

42. The Price Law of the People's Republic of China (adopted in 1997)
43. The Seed Law of the People's Republic of China (adopted in 2000 and amended in 2004)
44. The Law of the People's Republic of China on the Administration of the Use of Sea Areas (adopted in 2001)
45. The Government Purchase Law of the People's Republic of China (adopted in 2002)
46. The Law of the People's Republic of China on the Promotion of Medium - sized and Small Enterprises (adopted in 2002)
47. The Law of the People's Republic of China on the Promotion of Clean Production (adopted in 2002)
48. The Port Law of the People's Republic of China (adopted in 2003)
49. The Law of the People's Republic of China on Regulation of and Supervision over the Banking Industry (adopted in 2003 and amended in 2006)
50. The Law of the People's Republic of China on the Promotion of Agricultural Mechanization (adopted in 2004)
51. The Law of the People's Republic of China on Renewable Energy (adopted in 2005 and amended in 2009)
52. The Animal Husbandry Law of the People's Republic of China (adopted in 2005)
53. The Law of the People's Republic of China on the Quality and Safety of Farm Products (adopted in 2006)

54. The Law of the People's Republic of China on Anti – Money Laundering (adopted in 2006)
55. The Enterprise Income Tax Law of the People's Republic of China (adopted in 2007)
56. The Anti – Monopoly Law of the People's Republic of China (adopted in 2007)
57. The Law of the People's Republic of China on the Promotion of the Cyclic Economy (adopted in 2008)
58. The Law of the People's Republic of China on State – owned Assets of Enterprises (adopted in 2008)
59. The Law of the People's Republic of China on the Protection of Oil and Natural Gas Pipelines (adopted in 2010)

(V) Social Laws (18 items)

1. The Resolution of the Standing Committee of the National People's Congress on the Approval of the Interim Measures of the State Council for Retirement and Resignation of Workers (adopted in 1978)
   Annex: The Interim Measures of the State Council for the Retirement and Resignation of Workers
2. The Resolution of the Standing Committee of the National People's Congress on the Approval of the Provisions of the State Council on Home Leave for Workers and Staff Members (adopted in 1981)
   Annex: The Provisions of the State Council on Home Leave for Workers and Staff Members

3. The Law of the People's Republic of China on the Protection of the Rights and Interests of the Returned Overseas Chinese and the Family Members of Overseas Chinese (adopted in 1990, and amended in 2000 and 2009)
4. The Law of the People's Republic of China on Security for the Disabled (adopted in 1990 and revised in 2008)
5. The Law of the People's Republic of China on the Protection of Minors (adopted in 1991 and revised in 2006)
6. The Trade Union Law of the People's Republic of China (adopted in 1992 and amended in 2001 and 2009)
7. The Law of the People's Republic of China on the Guarantee of the Rights and Interests of Women (adopted in 1992 and amended in 2005)
8. The Law of the People's Republic of China on Safety in Mines (adopted in 1992 and amended in 2009)
9. The Red Cross Society Law of the People's Republic of China (adopted in 1993 and amended in 2009)
10. The Labour Law of the People's Republic of China (adopted in 1994 and amended in 2009)
11. The Law of the People's Republic of China on the Guarantee of the Rights and Interests of Senior Citizens (adopted in 1996 and amended in 2009)
12. The Law of the People's Republic of China on the Prevention of Juvenile Delinquency (adopted in 1999)
13. The Law of the People's Republic of China on Donations for Pub-

lic Welfare Undertakings (adopted in 1999)

14. The Law of the People's Republic of China on the Prevention and Treatment of Occupational Diseases (adopted in 2001)
15. The Law of the People's Republic of China on Production Safety (adopted in 2002, amended in 2009)
16. The Labour Contract Law of the People's Republic of China (adopted in 2007)
17. The Law of the People's Republic of China on the Promotion of Employment (adopted in 2007)
18. The Social Security Law of the People's Republic of China (adopted in 2010)

(**VI**) **Criminal Law** (**1 item**)

The Criminal Law of the People's Republic of China (adopted in 1979, revised in 1997, and amended in 2009)

The Decision of the Standing Committee of the National People's Congress on Punishing the Crime of Fraudulently Purchasing, Evading and Illegally Trading in Foreign Exchange (adopted in 1998)

Amendment to the Criminal Law of the People's Republic of China (adopted in 1999)

Amendment (2) to the Criminal Law of the People's Republic of China (adopted in 2001)

Amendment (3) to the Criminal Law of the People's Republic of China (adopted in 2001)

Amendment (4) to the Criminal Law of the People's Republic of China (adopted in 2002)

Amendment (5) to the Criminal Law of the People's Republic of China (adopted in 2005)

Amendment (6) to the Criminal Law of the People's Republic of China (adopted in 2006)

Amendment (7) to the Criminal Law of the People's Republic of China (adopted in 2009)

(VII) Litigation and Non-Litigation Procedural Laws (10 items)

1. The Criminal Procedure Law of the People's Republic of China (adopted in 1979, amended in 1996)
2. The Decision of the Standing Committee of the National People's Congress on Exercising Criminal Jurisdiction over the Crimes Prescribed in the International Treaties Concluded or Acceded to by the People's Republic of China (adopted in 1987)
3. The Administrative Procedure Law of the People's Republic of China (adopted in 1989)
4. The Civil Procedure Law of the People's Republic of China (adopted in 1991 and amended in 2007)
5. The Arbitration Law of the People's Republic of China (adopted in 1994 and amended in 2009)
6. The Special Maritime Procedure Law of the People's Republic of China (adopted in 1999)
7. The Extradition Law of the People's Republic of China (adopted in 2000)

8. The Law of the People's Republic of China on Mediation and Arbitration of Labour Disputes (adopted in 2007)
9. The Law of the People's Republic of China on Mediation and Arbitration of Disputes of Contracted Management of Rural Land (adopted in 2009)
10. The Mediation Law of the People's Republic of China (adopted in 2010)

II. Contents of Laws Formulated or Revised by the Standing Committee of the National People's Congress in 2010 (16 items)

1. The Law of the People's Republic of China on National Defense Mobilization
2. The Decision of the Standing Committee of the National People's Congress on the Revision of the Copyright Law of the People's Republic of China
3. The Decision of the Standing Committee of the National People's Congress on the Revision of the Electoral Law of the National People's Congress and the Local People's Congresses of the People's Republic of China
4. The Law of the People's Republic of China on Guarding State Secretes
5. The Decision of the Standing Committee of the National People's Congress on the Revision of the State Compensation Law of the People's Republic of China
6. The Law of the People's Republic of China on the Protection of Oil

and Natural Gas Pipelines

7. The Decision of the Standing Committee of the National People's Congress on the Revision of the Law of the People's Republic of China on Administrative Supervision
8. The Decision of the Standing Committee of the National People's Congress on the Revision of the Reserve Officers Law of the People's Republic of China
9. The Law of the People's Republic of China on People's Mediation
10. The Social Security Law of the People's Republic of China
11. The Law of the People's Republic of China on the Application of Law for Foreign - Related Civil Relations
12. The Organic Law of the People's Republic of China on Villagers' Committees
13. The Decision of the Standing Committee of the National People's Congress on the Revision of the Law of the People's Republic of China on Deputies to the National People's Congress and the Local People's Congresses
14. The Law of the People's Republic of China on the Conservation of Water and Soil
15. The Decision of the Standing Committee of the National People's Congress on the Approval of the Amendment to Annex I of the Basic Law of the Hong Kong Special Administrative Region: Method for the Selection of the Chief Executive of the Hong Kong Special Administrative Region
16. Notice No. 15 of the Standing Committee of the National People's

Congress (11th)

III. Contents of the Administrative Laws Formulated or Revised by the State Council (19 items)

1. The Decision of the State Council on the Revision of the Detailed Rules for the Implementation of the Patent Law of the People's Republic of China
2. The Regulations on the Prevention of Meteorological Disasters
3. The Regulations for the Implementation of the Audit Law of the People's Republic of China
4. The Decision of the State Council on the Revision of the Regulations of the People's Republic of China on the Customs Protection of Intellectual Property Rights
5. The Regulations on Substances Depleting the Ozone Layer
6. The Decision of the State Council on the Revision of the Detailed Rules for the Implementation of the Law of the People's Republic of China on Frontier Health and Quarantine
7. The Decision of the State Council on the Revision of the Detailed Rules for the Implementation of the Law of the People's Republic of China on the Control of Entries and Exits of Aliens
8. The Regulations on the National Census
9. The Regulations on Natural Disaster Salvage
10. The Regulations on the Military Service of Rank and Files in Active Service of the Chinese People's Liberation Army
11. The Regulations of the People's Republic of China on the Control

of Radio

12. The Regulations on the Protection of Fossils of Ancient Extinct Life
13. The Regulations of the People's Republic of China on Guaranty for Customs Affairs
14. The Regulations on the Quality Control of Weaponry
15. The Regulations on the Administration of Fuel Gas in Cities and Towns
16. The Regulations on the Administration of Resident Offices of Foreign Enterprises
17. The Decision of the State Council on the Revision of the Provisions on Administrative Penalties against Price – Related Unlawful Practices
18. The Decision of the State Council on the Revision of the Regulations on Work – Related Injury Insurance
19. The Decision of the State Council on the Revision of the Provisions of the People's Republic of China on the Administration of Invoices

IV. Judicial Interpretations Issued by the Supreme People's Court and the Supreme People's Procuratorate in 2010 (21 items)

1. Interpretation (2) of the Supreme People's Court and the Supreme People's Procuratorate on Certain Questions Concerning the Concrete Application of Law to Criminal Cases Involving the Use of Internet, Mobile Phones and Voice Stations to Produce, Reproduce,

whereas Certain Defendants of the Joint Criminal Act or the Plaintiff of the Ancillary Civil Action Appealed

10. Certain Provisions of the Supreme People's Court on Restricting High Consumption of Persons Subject to Enforcement
11. Provisions (1) of the Supreme People's Court on Certain Questions Concerning the Trial of Cases Involving Disputes of Foreign - Funded Enterprises
12. Certain Provisions of the Supreme People's Court on the Trial of Cases Involving Disputes related to the Limitation of Liability for Maritime Compensation
13. Interpretations (3) of the Supreme People's Court on Certain Questions Concerning Application of Law to the Trial of Cases Involving Labour Disputes
14. Provisions of the Supreme People's Court on Certain Questions Concerning the Application of Law to the Trial of Cases Involving Tourism Disputes
15. Interpretations (2) of the Supreme People's Court on Certain Questions Concerning the Application of Law to the Trial of Cases Involving Counterfeit of Money
16. Provisions of the Supreme People's Court on Certain Questions Concerning the Trial of Cases Involving Housing Registration
17. Response of the Supreme People's Court to the Question of How to Determine Jurisdiction over the Civil Action Filed by Confined Persons or Persons Subject to Rehabilitation through Labour.
18. Interpretation of the Supreme People's Court on Certain Questions

Concerning Concrete Application of Law to the Trial of Criminal Cases of Illegal Financing

19. Provisions of the Supreme People' s Court on the Question of the Application of Law to the Trial of Taiwan – related Civil and Commercial Cases
20. Response of the Supreme People' s Court to the Question of How a Private School Should Organize its Settlement upon Insolvency and Termination of a Continued School Operation
21. Decision of the Supreme People' s Court on the Abrogation of Certain Judicial Interpretations and Judicial Interpretation Type Documents